Davide Vasta

Grafici al bivio

**COME AFFRONTARE IN MANIERA QUASI INDOLORE
IL PASSO CHE NESSUN GRAFICO AVREBBE MAI VOLUTO COMPIERE...**

UNA GUIDA PER CHI VUOLE (O DEVE) PASSARE DA FREEHAND MX A ILLUSTRATOR CS3

Lulu edizioni

Grafici al bivio
Come affrontare in maniera quasi indolore il passo che
nessun grafico avrebbe mai voluto compiere...
Una guida per chi vuole (o deve) passare da FreeHand MX a
Illustrator CS3

Autore: Davide Vasta
Finito di scrivere nel mese di Gennaio 2008
Pubblicato da Lulu.com

ISBN 978-1-4092-0398-8

Realizzazione editoriale, copertina e progetto grafico:
Davide Vasta - www.davidevasta.biz

Dedico questo libro a tutti i grafici italiani che hanno usato FreeHand per oltre un decennio, con la speranza che il loro amore verso lo storico programma di Macromedia possa rinascere nuovamente verso Illustrator CS3.

Indice

Introduzione

Perché questo libro?

Per vari motivi, all'inizio del 2007 mi sono trovato ad un bivio: continuare ad usare FreeHand MX, ormai vetusto e pieno di bachi, ma che conoscevo a menadito, oppure abbandonarlo lanciandomi su Illustrator CS3, software mirabolante, del quale però non conoscevo assolutamente niente? La mia strada è andata verso Illustrator CS3, e questo libro ne è la piena testimonianza. Il primo grande problema è stato cambiare la mia forma mentis da "freehandista". Illustrator, come è noto, è un potente software per l'illustrazione grafica, che però ha da sempre avuto una grande nota dolente per gli utenti di FreeHand: l'assenza del supporto multi pagina.

Per un utente di FreeHand questo problema rende il tutto più difficile. Già solo la realizzazione di un piccolo pieghevole a tre ante, presuppone la creazione di due file distinti, uno per l'esterno e uno per l'interno. Figuriamoci poi se l'intenzione è quella di creare una piccola pubblicazione multi pagina... ogni pagina diventa un singolo file.

In effetti, con la mia forma mentis tutto questo sembrava avere davvero poco senso. Però questa volta (avevo già tentato un approfondimento due anni prima con la CS2) i vantaggi e le nuove funzionalità di Illustrator CS3, erano così tanti, che davvero valeva la pena provare. Così è stato. Per un anno intero mi sono intestardito ad usare Illustrator CS3. Risultato? Se oggi mi dicessero di tornare a FreeHand, per quanto lo abbia amato, non lo farei. Le "scomodità" che ho dovuto affrontare, rispetto ai vantaggi che ne ho tratto, sono così infinitamente poche, da giustificare pienamente il passaggio da FreeHand MX a Illustrator CS3.

Dopo aver imparato ad usare Illustrator, ho subito pensato che come me ci sono una miriade di grafici attratti da Illustrator CS3, e che però molti di questi non hanno il "coraggio", il tempo o lo stimolo per fare il grande passo.

Ecco perché, dopo un anno passato mano nella mano con FreeHand MX e Illustrator CS3, ho deciso di scrivere questo libro. Spero di cuore che per la maggior parte di voi (grafici) sia un valido aiuto nel percorso che prosegue dopo il bivio...

FreeHand è stato per moltissimo tempo lo strumento di ogni buon designer. Molto probabilmente, se stai leggendo questo libro, anche tu fai parte di quella lunga lista di utenti, che nel tempo ha usato FreeHand per qualunque progetto grafico. Come me, che ho iniziato ad usare FreeHand dalla versione 3.1, quando ancora era di proprietà *Aldus*.

La maggior parte delle persone che usa (e ha usato) FreeHand, lo ha sempre trovato un buon compromesso tra un programma di design e un programma di impaginazione, e questo molto probabilmente, è stato il vero punto vincente di FreeHand. Un software a cavallo tra due "mondi", che venivano più o meno spartiti tra Xpress / Pagemaker per l'impaginazione e Illustrator / Coreldraw per l'illustrazione grafica.

Questa sua doppia anima, spesso tanto odiata dai puristi dell'impaginazione, ha fatto si che, per un buon arco temporale, si imponesse come software standard per la grafica illustrativa e l'impaginazione semplice.

E la cosa non riguardava solo i grafici. I tipografi iniziarono a chiedere sempre più a gran voce i file esecutivi di FreeHand per i lavori da stampare. Tutto questo avveniva grazie anche al fatto che, ancora, il formato PDF non era maturo per essere offerto come soluzione stabile di output.

I primi problemi si ebbero però con il rilascio della versione 10, che prometteva grandi innovazioni, ma che ahimè, portò con se solo una montagna di bachi. Bachi che furono in parte risolti con la versione MX, ai quali però se ne aggiunsero altri.

Il mondo dei freehandisti si divise quindi idealmente in tre grandi aree:

> » FreeHand 8
> » FreeHand 9
> » FreeHand MX

FreeHand 8

Moltissimi utenti continuarono ad usare FreeHand 8, ritenuto come il più stabile di tutti i tempi. Certamente scevro di qualunque amenità funzionale, rimase per moltissimo tempo (e tuttora lo è) la versione più ampiamente usata dai grafici.

FreeHand 9

La naturale evoluzione della versione 8, portò con se diverse novità, senza però precludere la stabilità ormai riconosciuta di FreeHand 8. Gli utenti che saltarono poi alle versione 10, si affrettarono a tornare alla 9, per via della lunga lista di problematiche che affliggevano quell'upgrade.

FreeHand MX

Nel bene e nel male, la versione MX, segnò un momento di grande cambiamento. Riuscì a coniugare la sete di novità di una grande parte di utenti, con la necessità di una velocità operativa, che solo FreeHand 8 era riuscito a realizzare.

Queste due cose furono miscelate magistralmente, ma purtroppo, i tempi di sviluppo molto serrati (grazie anche all'allora concorrente Illustrator), decretarono la nascita di una nuova versione piena di bachi. Nonostante tutto, molti adottarono FreeHand MX come valido sostituto delle precedenti versioni. In effetti, evitando di utilizzare alcune funzionalità specifiche (che vedremo anche più avanti nel testo), il software poteva essere utilizzato egregiamente, senza alcun problema.

Scopo del libro

Prima di tutto voglio essere chiaro: questo libro non è un manuale di Illustrator CS3. È vero, nel testo sono presenti molte indicazioni sulle nuove funzionalità di Illustrator CS3, ma lo scopo del libro non è questo. Magari un manuale d'uso su Illustrator CS3 potrà esserti utile dopo che hai letto questo testo. Questo libro l'ho invece pensato partendo dalle problematiche che un freehandista "d.o.c." deve affrontare nel passaggio dall'uno all'altro software. In questo libro troverai quindi un valido aiuto su diversi aspetti. Alcuni di questi sono:

» Iniziare un nuovo progetto in Illustrator CS3
» Convertire un vecchio progetto di FreeHand
» Scoprire come le normali funzioni di FreeHand MX, si ritrovano in Illustrator CS3
» Usare i profili colore
» Esportare un documento per la stampa

Oltre questo cercherò di darti informazioni utili su molti altri aspetti che facilitano l'uso quotidiano di Illustrator CS3.
Le figure utilizzate nel libro sono tratte da un Apple Macintosh, ma questo libro è valido anche per gli utenti Windows, poiché le differenze del software nelle due piattaforme sono davvero microscopiche.

Iconografia usata nel libro

Icona	Significato
	Viene usata per dare un voto positivo ad una particolare funzione, metodologia o tecnica di un software rispetto all'altro.
	Viene usata per dare un voto negativo ad una particolare funzione, metodologia o tecnica di un software rispetto all'altro.
	Viene usata per segnalare informazioni di rilievo legate ad una particolare funzione, metodologia, ecc.
	Viene usata per richiamare l'attenzione del lettore su un potenziale problema legato ad una funzione o metodologia.

Primi passi

Installazione del software

Prima di poter installare Adobe Illustrator CS3 sul proprio computer è bene soffermarsi qualche istante sui requisiti necessari per far girare il software correttamente; quelli consigliati per un uso reale. Dico quelli consigliati, perché ho sempre ritenuto che i requisiti minimi indicati dalle software-house, sono spesso troppo "minimi" per poter usare efficacemente un software. Per esempio, come si può dire "2 GB di spazio disponibile su disco" quando tutti sanno perfettamente che qualunque sistema operativo con così poca memoria sarebbe perennemente a rischio inchiodamento?

Se disponi di un PC con Microsoft Windows, questi sono i requisiti consigliati:
>> Processore Intel® Pentium® 4, Intel Centrino®, Intel Xeon® o Intel Core™ Duo (o compatibile)
>> Microsoft® Windows® XP con Service Pack 2 oppure Windows Vista™ Home Premium, Business, Ultimate o Enterprise
>> 1 GB di RAM
>> 20 GB di spazio disponibile su disco rigido oltre l'installazione
>> Risoluzione monitor minima 1280x1024 con scheda video a 16 bit
>> Unità DVD-ROM

Se invece disponi di un Mac questi sono i requisiti consigliati:
>> Processore PowerPC® G4 o G5 oppure Intel® multicore
>> Mac OS X v10.4.8-10.5 (Leopard)
>> 1 GB di RAM
>> 20 GB di spazio disponibile su disco rigido oltre l'installazione
>> Risoluzione monitor 1280x1024 con scheda video a 16 bit
>> Unità DVD-ROM

NOTA - Se vuoi provare gratuitamente Illustrator CS3 prima dell'acquisto, per un periodo di 30 giorni, puoi scaricare una versione di prova dal link: http://www. adobe.com/go/tryillustrator_it.

Non è mia intenzione descrivere qui le modalità di installazione, poiché ritengo che queste siano costituite da una serie di passaggi molto elementari, per il quale sei sicuramente già preparato.

Attivazione del software

Per arginare il fenomeno della pirateria informatica, Adobe, come altre software-house, utilizza un sistema di attivazione del software. Questa procedura viene eseguita dopo che è terminata l'installazione del software, e prevede che il computer sia collegato ad Internet. In alternativa è possibile anche procedere con un'attivazione telefonica, chiamando il numero presente nella maschera di attivazione.

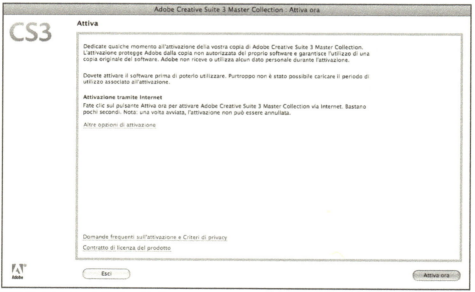

Figura 1.1 - La maschera di attivazione del software.

Registrazione del software

La registrazione del software non va confusa con l'attivazione, si tratta di due cose ben diverse. La registrazione del software serve ad inviare i nostri dati ad Adobe, con l'unico scopo di registrare legalmente l'acquisto che abbiamo fatto. In questo modo possiamo accedere a tutti gli eventuali aggiornamenti di prodotto, oltre che poter disporre del supporto tecnico telefonico. Nella maschera di registrazione è necessario inserire tutta una serie di dati personali.

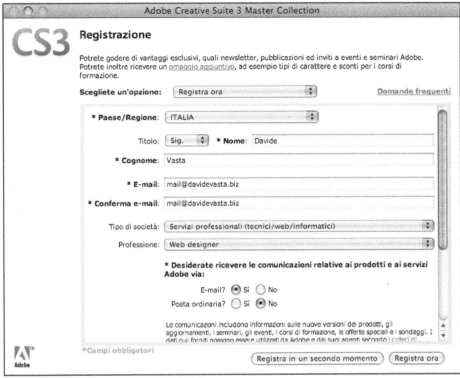

Figura 1.2 - La maschera di registrazione del software.

NOTA - Volendo, è possibile registrare il prodotto in un secondo momento, facendo clic sul pulsante *Registra in un secondo momento*. Questa scelta non inficia le funzionalità del programma; semplicemente trascorso un certo periodo, Illustrator CS3 mostra nuovamente la finestra di registrazione. Ovviamente è buona norma registrare subito il prodotto acquistato.

Sincronizzazione del colore tra i vari applicativi CS3

Se hai installato Illustrator CS3 da una Suite CS3 di Adobe ti consiglio prima di tutto di sincronizzare il *profilo di colore* usato per tutte le applicazioni CS3. In questo modo avrai le medesime impostazioni di colore durante l'elaborazione dei tuoi progetti attraverso i vari applicativi, come per esempio *Photoshop CS3*, *InDesign CS3* e *Illustrator CS3*. Per poter attivare questa funzione è necessario avviare *Bridge CS3* ed impartire il comando *Modifica > Impostazioni colore di Creative Suite* scegliendo poi l'impostazione che ritieni più adeguata per il tuo lavoro. Per esempio, se il tuo lavoro è prevalentemente orientato alla stampa, è consigliabile scegliere *Prestampa Europa 2*. Se invece utilizzi gli applicativi CS3 unicamente per realizzare siti Web potresti scegliere *Web/Internet Europa*. Una volta scelta l'impostazione fai clic sul pulsante *Applica*.

Figura 1.3 - Le impostazioni di colore in *Bridge CS3*.

///

Questa funzione è una peculiarità di Illustrator CS3, non è disponibile in FreeHand MX. Peraltro, come vedremo in seguito, le capacità di controllo sulla gestione del colore di Illustrator CS3 e, più in generale di tutta la Suite CS3, sono molto più evolute ed avanzate di quelle disponibili in FreeHand.

ATTENZIONE - Questa funzione è disponibile solo quando Illustrator CS3 viene installato come parte di una *Creative Suite*. Se installi solo Illustrator CS3 non troverai questa funzione in Bridge CS3.

L'area di lavoro

Al primo avvio di Illustrator CS3 viene mostrata la *Finestra di avvio* dalla quale è possibile aprire rapidamente file precedentemente salvati, o crearne di nuovi. È inoltre possibile avviare anche la *Guida introduttiva*, oltre che poter visualizzare una panoramica delle nuove funzioni.

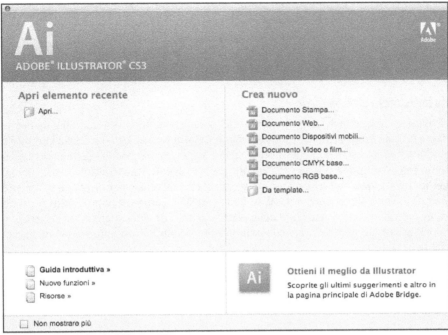

Figura 1.4 - La finestra di avvio di Illustrator CS3.

Personalmente trovo che questa finestra crei spesso più confusione di quanto siano i vantaggi. Se vuoi puoi quindi disattivarne la visualizzazione attivando l'opzione *Non mostrare più* che si trova in basso a sinistra nella finestra. In questo modo, al prossimo riavvio del software, la finestra non verrà visualizzata.

Anche in FreeHand MX è presente una finestra di avvio, con due varianti. Questa però viene visualizzata solamente una volta, al primo avvio del programma, dopodiché non viene più visualizzata. Tra l'altro non ha le stesse funzionalità della finestra di avvio di Illustrator CS3, ma permette solo di accedere ad una serie di risorse di apprendimento.

Figura 1.5 - La finestra di avvio di FreeHand MX.

NOTA - Illustrator CS3 supporta un'*area di lavoro* massima pari a 5,8x5,8 metri; di poco superiore a quella di FreeHand MX (5,64 x 5,64 metri).

Diamo un'occhiata all'interfaccia

Con il rilascio delle nuove versioni *Adobe CS3* sono state rinnovate completamente le interfacce di quattro applicativi: *Illustrator*, *InDesign*, *Photoshop* e *Flash*. La nuova interfaccia dei programmi può essere definita "elastica", grazie all'ampio margine di adattabilità di ogni elemento che la compone. Già questo è un primo passo avanti rispetto all'interfaccia "rigida" di FreeHand MX, specialmente se pensiamo ai pannelli laterali, che possono essere solamente compattati in verticale, oppure rimossi. In Illustrator CS3, come vedremo, questi possono invece essere ridotti sino a diventare delle piccole icone. Con questo approccio "elastico" è molto più facile adattare il software alle proprie abitudini, soprattutto in relazione al tipo di uso che se ne fa.

Figura 1.6 - L'interfaccia di Illustrator CS3.

L'interfaccia di Illustrator CS3 è decisamente più adatta ad un ambiente di lavoro grafico di quanto non lo sia quella di FreeHand MX. Grazie all'alto grado di personalizzazione, si adatta facilmente allo "stile" di ogni utente, migliorando notevolmente la velocità operativa durante l'uso del software. In effetti, su questo aspetto specifico, si sente il peso dell'età di FreeHand, la cui ultima versione risale al 2003.

La barra degli strumenti

La *barra degli strumenti* di Illustrator CS3 ha una particolarità interessante. All'avvio del programma si presenta stretta e lunga, riducendo così lo spazio necessario per visualizzarla, a vantaggio dell'area di lavoro. Se però lo desideri puoi anche modificarne l'aspetto, facendola tornare alla visualizzazione "classica" su due colonne. È sufficiente fare clic sulle freccette poste in alto.

In FreeHand MX è possibile fare una cosa simile, sebbene non sia chiaro quale sia il vantaggio che ne deriva. In pratica, trascinando l'angolo in basso a destra della barra degli strumenti, otteniamo un riposizionamento degli strumenti che può arrivare fino a 6 colonne. Così facendo la barra si trasforma in un grosso rettangolo, che invade pesantemente l'area di lavoro.

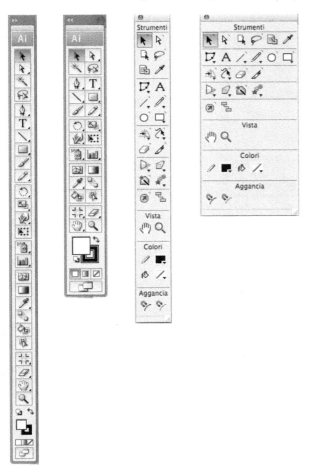

Figura 1.7 - Barre degli strumenti a confronto: a sinistra Illustrator CS3, a destra FreeHand MX

I pannelli ridimensionabili

Una delle migliorie più evidenti dell'interfaccia CS3 riguarda la gestione dei pannelli. Invece che essere compressi in verticale, come avviene in FreeHand MX, questi vengono compressi in orizzontale, verso il lato esterno del monitor, riducendo drasticamente l'impatto che hanno nei confronti dell'area di lavoro. Con un solo clic sulle *frecce di ridimensionamento* (poste in alto a destra) si riducono tutti i pannelli ad una semplice fila di icone. Se però queste dovessero risultare poco chiare è possibile ingrandire dinamicamente la colonna, facendo clic + trascina, vicino alle frecce di ridimensionamento. In base a quanto decidi di spostare il cursore vengono mostrate più o meno informazioni aggiuntive sui pannelli.

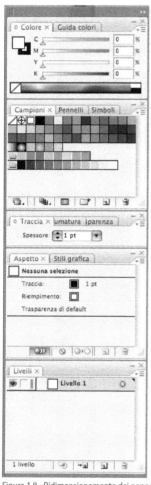

Figura 1.8 - Ridimensionamento dei pannelli.

La funzione di ridimensionamento è già di per se utilissima quindi per ottimizzare lo spazio dell'area di lavoro, specialmente quando si opera su uno schermo di piccole dimensioni o su un portatile. Un ulteriore funzionalità è quella di poter ridisporre a piacimento i pannelli. Di base, questi sono raggruppati in maniera coerente, ma non è escluso che per motivi personali possano essere raggruppati diversamente. Questa operazione è molto elementare: è sufficiente fare clic + trascina sul nome del singolo pannello, trascinandolo avanti o indietro all'interno del medesimo gruppo, oppure addirittura spostandolo su un altro gruppo.

NOTA - Ricordati che, dopo aver modificato la posizione dei pannelli ed il loro ordine, puoi salvare l'attuale area di lavoro con il comando *Finestra > Area di lavoro > Salva area di lavoro...*

La barra di controllo

Nella parte superiore dell'area di lavoro è presente la *barra di controllo*. Questa barra mostra informazioni contestuali rispetto agli strumenti che vengono usati e agli oggetti selezionati. Per certi versi corrisponde alla finestra *Oggetto* (il vero pannello corrispondente in Illustrator è il pannello *Aspetto*) di FreeHand MX (normalmente visualizzato in alto a destra dell'area di lavoro) che però mostra solo informazioni contestuali rispetto agli oggetti selezionati, non agli strumenti scelti, come in Illustrator CS3.

NOTA - Se lo desideri, puoi spostare la barra di controllo nella parte bassa dell'area di lavoro, scegliendo la voce *Ancora al fondo* dal piccolo menu a comparsa che trovi a destra della barra.

Figura 1.9 - Confronto tra la barra di controllo in Illustrator CS3 e il pannello *Oggetto* in FreeHand MX.

Richiamare Bridge dalla barra di controllo

Bridge CS3 può essere definito come una valida alternativa ai normali sistemi di visualizzazione dei file nei sistemi operativi. In genere per cercare un determinato file ci muoviamo per clic successivi, all'interno delle varie cartelle presenti nel *desktop* del computer. Ovviamente, impostando la visualizzazione in maniera adeguata è possibile ottenere delle anteprime dei files, invece dei soliti nomi. Ma anche così, spesso, cercare un immagine, così come un qualunque altro documento, può risultare un operazione lunga.

Con Bridge CS3 l'operazione di ricerca dei documenti è molto più veloce: in un unico ambiente integrato possiamo trovare e visualizzare l'anteprima di quasi qualunque file. Se vuoi lanciare Bridge CS3 da Illustrator puoi semplicemente fare clic sulla sua icona (rappresentata da una cartella con la scritta BR) che trovi sempre a destra della *barra di controllo*. Se vuoi saperne di più su Bridge CS3 trovi un approfondimento a Pag. 36.

Figura 1.10 - Lancio di Bridge CS3 dalla *barra di controllo*.

Le preferenze del software

Quando viene avviato, Illustrator CS3 è impostato con determinate preferenze. Se vuoi modificarle puoi impartire il comando *Illustrator > Preferenze*. Curiosamente il numero di *categorie* presenti nelle preferenze è identico a quello di FreeHand MX, cioè 11. Il significato delle categorie è però abbastanza diverso, per cui confrontare le singole voci è praticamente impossibile. Ritengo invece più utile creare una tabella di corrispondenze tra le opzioni più comunemente usate.

FreeHand MX	Illustrator CS3
Categoria: **Generali** Opzioni relative alla sensibilità del puntatore nei confronti degli oggetti sotto una certa soglia	Categoria: **Visualizzazione selezioni e punti di ancoraggio**
Categoria: **Oggetti** Scelta degli *Editor esterni* per la modifica di immagini impaginate in FreeHand MX	**Non esiste una equivalente opzione nelle preferenze.** Gli editor (come Photoshop) vengono lanciati sulla base delle associazioni predefinite a livello di sistema operativo
Categoria: **Testo** Funzione di anteprima dei font	Categoria: **Testo**
Categoria: **Ortografia** Impostazioni di controllo del testo	Categoria: **Sillabazione**
Categoria: **Colori** Scelta dei colori per le guide	Categoria: **Guide e griglia**
Categoria: **Colori** Impostazione tavole colori (Kodak Digital Science / Apple ColorSync)	**Non esiste una equivalente opzione nelle preferenze.** Le impostazioni colore si attivano con il comando *Visualizza > Imposta prova*, oppure si impostano globalmente tramite Bridge CS3, con il comando *Modifica > Impostazioni colore di Creative Suite*

Tabella 1.1 - Corrispondenza di alcune preferenze tra FreeHand MX e Illustrator CS3.

Oltre queste associazioni risulta invece utile segnalare alcune opzioni specifiche delle preferenze di Illustrator CS3.

Categoria	Opzione	Azione
Generali	Mostra consigli sugli strumenti	Visualizza informazioni di utilizzo quando il cursore è fermo sopra uno strumento
Generali	Doppio clic per isolare	Se si fa doppio clic su un gruppo di oggetti è possibile modificarli singolarmente senza dover separare il gruppo
Testo	Anteprima font Dimensione	Permette di impostare la dimensione dell'anteprima di visualizzazione nel menu dei font
Unità e prestazioni di visualizzazione	Prestazioni di visualizzazione	Determina la velocità/qualità di ridisegno quando si usa lo strumento *mano* (Barra spaz. + trascina)
Plug-in e dischi di memoria virtuale	Cartella plug-in aggiuntivi	Permette di specificare (come in Photoshop) una cartella plug-in alternativa
Interfaccia utente	Luminosità	Permette di impostare il tono di luminosità globale per l'interfaccia utente
Gestione file e appunti	Per EPS collegati usa proxy a bassa risoluzione	Qualora venga importato un file EPS (una pratica in realtà comune per molti freehandisti) viene generata un'anteprima a bassa risoluzione
Aspetto del nero	Schermo / Esportazione	Permette di definire una regola sull'uso del nero, implementando la possibilità di generare un nero "ricco" con valori aggiuntivi CMY

Tabella 1.2 - Alcune utili preferenze in Illustrator CS3

NOTA - In FreeHand MX può succedere talvolta che il file delle preferenze si corrompa. Questo in genere da luogo a malfunzionamenti vari, come la scomparsa di finestre ed altro ancora. In genere è sufficiente cancellare il file delle preferenze e riavviare FreeHand, che provvede a ricrearne uno nuovo, perdendo però le impostazioni precedenti. Formalmente questo problema non sembra esistere in Illustrator CS3.

Corrispondenze della terminologia

FreeHand MX e Adobe Illustrator CS3 sono di base due programmi molto simili, sebbene FreeHand MX sia rimasto molto più indietro dal punto di vista dell'aggiornamento del software. Per via della loro somiglianza comunque, condividono gran parte della terminologia utilizzata. Per facilitare il passaggio da un software all'altro può essere quindi utile avere una panoramica (Tabella 1.3) delle principali corrispondenze tra i vari termini usati nei due software.

FreeHand MX	Illustrator CS3
Tavola di montaggio	Tavola di montaggio
Pagine	Tavola da disegno
Pannello *Oggetto*	Pannello *Aspetto*
Importa	Inserisci
Maniglie di trasformazione	Rettangolo di selezione
Visualizzazione profilo	Contorno
Strumento *Estrusione*	Effetti 3D
Effetti vettoriali dal vivo	Effetti
Modifica in editor esterno	Modifica originale
Strumento *Dispensatore grafico*	Strumento *Bomboletta simboli*
Strumento *Area di output*	Strumento *Area di ritaglio*
Strumento *Gomma*	Strumento *Gomma*
Stili	Stili grafici
Mixer	Pannello *Colore*

Tabella 1.3 - Corrispondenze della terminologia tra i due software.

Usare le abbreviazioni da tastiera

Se usi un software da tanto tempo si presume che conosca perfettamente le abbreviazioni da tastiera. Queste risultano davvero utili nella creazione di documenti, perché velocizzano enormemente l'applicazione di taluni comandi. Credo che uno degli scogli più grandi da superare nel passaggio da FreeHand a Illustrator sia proprio questo... per lo meno così è stato per me. Mi rendo conto che non è semplice, un piccolo aiuto lo può dare la Tabella 1.4 dove sono riportati le principali abbreviazioni di alcuni comandi.

Azione	Mac	Win
Comandi di selezione e spostamento		
Passare all'ultimo strumento usato	Cmd	Ctrl
Passare da *Selezione diretta* a *Selezione gruppo*	Opz	Alt
Selezionare/deselezionare elementi	Maiusc+clic	Maiusc+clic
Duplicare la selezione	Opz+clic+trascina	Alt+clic+trascina
Spostare selezione a piccoli passi	Tasti freccia	Tasti freccia
Spostare selezione di 10 px	Maiusc+Tasti freccia	Maiusc+Tasti freccia
Vincolare spostamento a 45°	Maiusc	Maiusc

Azione	Mac	Win
Comandi di trasformazione degli oggetti		
Vincolare proporzioni (Orizz./Vert.)	Maiusc	Maiusc
Trasformare copia oggetto lasciando inalterato l'originale	Opz	Alt
Annulla	Cmd+Z	Ctrl+Z
Ripristina	Maiusc+Cmd+Z	Maiusc+Ctrl+Z
Ridimensionare selezione in proporzione	Maiusc+trascina	Maiusc+trascina
Ridimensionare selezione in proporzione dal centro	Opz+trascina	Alt+trascina
Comandi per operare su un gruppo (modalità Isolamento)		
Modificare gli elementi di un gruppo	Doppio clic	Doppio clic
Uscire dalla modifica del gruppo	Doppio clic fuori	Doppio clic fuori
Comandi per il colore		
Passare da riempimento a traccia	X	X
Prelevare un colore con lo strumento *Contagocce*	Maiusc+clic	Maiusc+clic
Prelevare un colore con lo strumento *Contagocce* e assegnarlo ad un oggetto selezionato	Opz+Maiusc+clic	Alt+Maiusc+clic
Scorrere i vari metodi di colore	Maiusc+clic sullo spettro dei colori	Maiusc+clic sullo spettro dei colori

Tabella 1.4 - Principali abbreviazioni da tastiera.

Usare il centro aiuti

Questo libro cerca di darti il maggior numero di indicazioni su come passare efficacemente da FreeHand MX ad Adobe Illustrator CS3. Se però hai dei dubbi o quesiti specifici su quest'ultimo, ti consiglio di avviare il *centro aiuti* di Illustrator CS3, un'applicazione indipendente chiamata *Adobe Help Viewer*. Questa può essere richiamata sia da Adobe Illustrator CS3, tramite il comando *Aiuto > Aiuto di Illustrator*, sia dalla cartella *Applicazioni* del computer (o dal menu *Programmi* su Windows).

Adobe Help Viewer è uno strumento molto valido, paragonato anche a quello di FreeHand MX, sia per la ricchezza e profondità dei contenuti che ospita, sia pure per la possibilità di ottenere informazioni afferenti a tutti gli applicativi della suite CS3. Per esempio, se si inseriscono i termini "Creare cerchio" nella casella di ricerca e si fa clic sulla lente, vengono mostrati risultati che non riguardano solamente Illustrator CS3, ma anche gli altri software della suite CS3. La struttura delle informazioni è organizzata in maniera molto efficace, basta fare clic sui simboli "+" per ottenere un espansione del ramo principale e visualizzare ulteriori approfondimenti. Più che un centro aiuti in realtà è una specie di gigantesco tutorial dove vengono spiegate con dovizia di particolari numerose procedure.

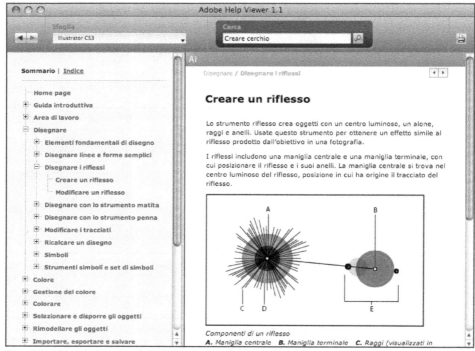

Figura 1.11 - *Adobe Help Viewer*, l'applicativo indipendente per il centro aiuti della CS3.

Approccio globale al progetto

Nella pagine che seguono tratteremo in maniera approfondita come i diversi aspetti di un progetto grafico vengono affrontati attraverso Illustrator CS3. Intanto è però bene focalizzare alcuni punti fondamentali della metodologia di lavoro. Illustrator CS3, al contrario di FreeHand MX, non è un software multi pagina. Questa prima diversità ci "obbliga" a dover creare file separati per ogni pagina (o lato) del progetto grafico. Nel caso di un depliant avremo due file chiamati per esempio "Depliant_Esterno.ai" e "Depliant_Interno.ai".

Un alternativa può essere quella di mantenere entrambi i lati del progetto all'interno dello stesso documento, simulando, per certi versi il multi pagina. In fase di stampa/esportazione sarà però necessario spostare, alternativamente, i due lati all'interno dell'area di stampa. Questa soluzione può essere utile nei casi in cui è necessario avere costantemente sottocchio il progetto grafico globale.

Bisogna però fare attenzione a come viene usato Illustrator CS3. Se si tratta di realizzare progetti grafici a 2 lati il software è adattissimo, ma se dobbiamo realizzare piccoli impaginati bisogna cambiare approccio.

Ciò che prima si faceva con FreeHand MX, ora si realizza attraverso l'uso congiunto di Illustrator CS3 e InDesign CS3. Nel primo, per via delle sue capacità illustrative, si possono realizzare tutti gli elementi grafici del progetto, mentre in InDesign si provvede ad impaginare ogni singola facciata, grazie ai potenti strumenti messi a disposizione.

Un altro esempio può essere quello di un progetto multi pagina dove, ogni tanto, va inserita una pagina "grafica". In questo caso si realizza l'impaginato completo in InDesign, e si inseriscono le singole pagine realizzate con Illustrator, importando direttamente il file *AI* in InDesign. La cosa interessante è che in questo modo si ottiene una *relazione stabile* tra i due applicativi grazie alla quale, modificando il file originale di Illustrator, viene aggiornato automaticamente anche quello importato in InDesign.

Output senza problemi

La fase di stampa o di esportazione è stata a lungo il calvario dei freehandisti. Quante volte hai dovuto rimettere le mani su un progetto grafico, perché la *cianografica*, o il *Cromalin* (o la prova chimica di colore), erano diverse da quello che avevi progettato? *Font* cambiati, colori alterati, testi ed immagini scomparse... la lista potrebbe essere molto lunga. Molto spesso, anche consegnando il file originale con tutti gli elementi allegati (fonts, immagini, ecc.), il risultato era diverso da ciò che si era progettato.

Ecco, una delle prime cose che ho trovato davvero belle in Illustrator CS3, è la qualità e la precisione dell'output, sia che si stia semplicemente stampando, sia che si stia esportando un PDF esecutivo.

La maschera di output del PDF, per esempio, è ricca di opzioni avanzate. Non mancano però le impostazioni base, utilissime per velocizzare al massimo il processo: *Stampa di alta qualità, Qualità tipografica, Dimensioni file minime.*

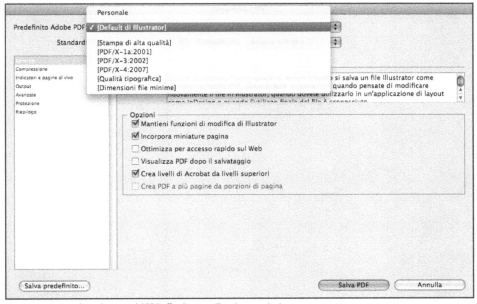

Figura 1.12 - La maschera di output del PDF offre diverse utili preimpostazioni.

Operazioni con i documenti

In questo capitolo è riportata una sintetica carrellata delle operazioni più ricorrenti legate ai documenti, dalla creazione, all'apertura al salvataggio. Viene inoltre affrontato l'argomento degli effetti raster, che tanti problemi ha da sempre creato in FreeHand MX. Verso la fine del capitolo una breve procedura ti guida nella funzione equivalente del "raccogli per l'output" di FreeHand.

Creare un nuovo documento

Quando si crea un nuovo documento (*File > Nuovo*), Illustrator CS3 presenta una maschera di scelta, dalla quale possiamo impostare il *profilo del documento*, la *dimensione*, l'*unità di misura* e l'*orientamento*. Queste opzioni sono molto elementari e non meritano di ulteriori approfondimenti. L'unica nota va posta sul *profilo del documento*, che permette di scegliere 6 diversi tipi:

» Stampa
» Web
» Dispositivi mobili
» Video e film
» CMYK base
» RGB base

Ognuno di questi tipi di documento corrisponde ad un progetto specifico, e scegliendolo si imposta correttamente sia l'unità di misura, sia la dimensione più adatta. Per esempio, se si sceglie *Dispositivi mobili*, vengono definiti i *pixel* come unità di misura e l'area di lavoro viene ridimensionata a 176x208 pixel, che può essere considerata una tipica dimensione per molti dispositivi mobili. La cosa interessante è che la scelta di un determinato tipo di documento determina anche un cambio sulle voci del menu *dimensione*. Per cui, scegliendo *Video e film*, il menu *dimensione* viene popolato con l'elenco dei formati video standard per il video, contemplando anche quelli per pellicole cinematografiche (Film, 2K e 4K). Già tutte queste impostazioni in fase di creazione del documento, ci segnalano che Illustrator CS3 non deve essere pensato solo come un software di impaginazione; le sue doti sono invece rivolte anche verso il Web, il multimedia ed il video.

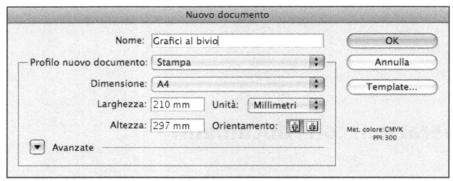

Figura 2.1 – La maschera di scelta per un nuovo documento.

La maschera contiene in realtà ulteriori informazioni, che possiamo visualizzare facendo clic sul pulsante *Avanzate*. Qui possiamo scegliere il *Metodo di colore* (che come preimpostazione riporta sempre CMYK), la qualità degli *Effetti raster* e la *Modalità di anteprima*.

NOTA – In FreeHand è presente il pannello *Documento*, dal quale è possibile modificare a posteriori il formato della pagina. In Illustrator CS3 non è presente un pannello specifico, ma si usa invece il comando *File > Imposta documento*. Da qui è inoltre possibile definire molte altre caratteristiche, come la visualizzazione dei testi, le trasparenze, il dizionario per il controllo ortografico e molto altro ancora.

Impostare l'unità di misura

Come abbiamo già visto l'unità di misura del documento si sceglie nel momento un cui lo si crea. Se ci vuole cambiare questa impostazione in seguito è possibile farlo in due modi. Prima di tutto è possibile modificare le preferenze (*Illustrator > Preferenze*) scegliendo la voce *Unità e prestazioni di visualizzazione*. In alternativa è possibile modificare temporaneamente le misure di un oggetto specificando un'unità di misura diversa. Si procede così:

» Seleziona l'oggetto (per esempio un rettangolo)
» Sposta il cursore sulla *barra di controllo* facendo clic sulla casella *L* (larghezza) o *A* (altezza)
» Immetti il nuovo valore numerico, specificando a seguire una unità diversa (pollici, millimetri, Qs, centimetri, punti, pica, pixel) e premi *Invio*

Impostare le guide

In Illustrator CS3 le *guide* si creano in modo molto elementare. Prima di tutto bisogna abilitare la visualizzazione dei righelli (*Visualizza > Mostra righelli*), poi è sufficiente spostare il cursore su un righello laterale, tenere premuto il tasto del mouse e trascinare verso il centro del documento.

NOTA – A differenza di FreeHand MX, in Illustrator CS3 le guide possono anche essere posizionate fuori dal formato del documento, ovvero nell'area di lavoro.

Le guide possono essere rappresentate con diversi colori ma anche con diverse trame (punteggiate o tratteggiate), modificandone l'aspetto nelle preferenze (*Preferenze > Guide e griglia*). È ovviamente possibile anche bloccarle tramite il comando *Visualizza > Guide > Blocca guide*.

NOTA – FreeHand MX è dotato di un livello specifico per le guide, chiamato *Livello guide*. Questo livello è molto comodo perché può esserne modificata la priorità visiva, oltre che essere temporaneamente nascosto. In Illustrator CS3 le cose sono diverse: le guide afferiscono ad ogni singolo livello del progetto. Per simulare il *Livello guide* di FreeHand è necessario ricorrere ad un piccolo trucco: si crea un livello ad-hoc (chiamandolo *Guide*); lo si pone sopra tutti i livelli del documento, e si applicano le guide solo a questo.

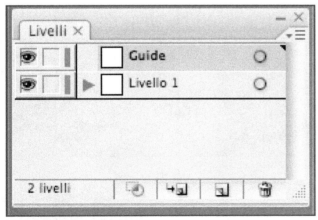

Figura 2.2 – Simulazione del livello guide presente in FreeHand.

Usare le guide sensibili

Le *guide sensibili* sono una particolarità di Illustrator CS3 e non esistono in FreeHand MX. Si tratta di una funzione che permette evidenziare qualunque elemento presente nel progetto, già solo passandoci sopra con il puntatore. È come una specie di *preselezione* che ci aiuta ad identificare meglio l'oggetto a cui siamo interessati. L'evidenziazione viene realizzata attraverso un filetto celeste che corre tutto intorno al contorno dell'oggetto. Le guide sensibili si attivano con il comando *Visualizza > Guide sensibili*.

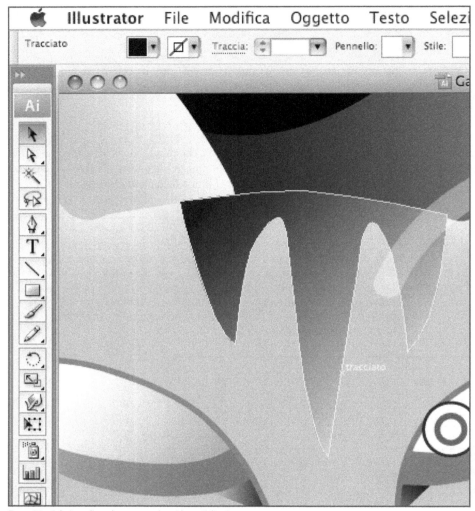

Figura 2.3 – Selezione di un elemento con le *guide sensibili* attivate.

ATTENZIONE – Ti consiglio di non usare le *guide sensibili* quando stai modificando i testi di un progetto grafico, poiché invece che rendere visibile il solo contorno del blocco di testo, vengono evidenziati i contorni di tutte le parole, rendendone difficile la visualizzazione e modifica.

Le guide sensibili sono davvero molto utili soprattutto quando il documento è denso di elementi grafici. In questo Illustrator CS3 risulta notevolmente migliorato rispetto a FreeHand MX.

Usare i livelli

I *livelli* di Illustrator CS3 sono una di quelle cose un cui è richiesto un cambio di mentalità. In FreeHand la maggior parte degli utenti non usa i livelli, bensì costruisce il proprio progetto su un unico livello, salvo poi spostare in avanti e indietro i propri oggetti con i normali comandi (*Elabora > Disponi > In primo piano...*). In genere i livelli di FreeHand vengono usati su progetti più complessi, come mappe stradali, piante abitative e documenti di questo genere.

In Illustrator CS3 non si può invece prescindere dall'uso dei livelli, in particolar modo quando nel progetto grafico sono presenti oggetti *mascherati* (la corrispondenza degli oggetti *incollati internamente ad altri* in FreeHand). Per migliorare sensibilmente il lavoro inoltre, è possibile creare *livelli* e *sotto livelli*, in maniera molto simile a quanto già avviene in Photoshop con i *livelli* e i *gruppi di livello*.

Per creare un nuovo livello devi aprire il pannello *livelli* (*Finestra > Livelli*) e poi devi fare clic sul piccolo pulsante *Crea nuovo livello*. Se vuoi aggiungere un *sotto livello* devi evidenziare il livello principale e poi fare clic sul pulsante *Crea nuovo sotto livello*.

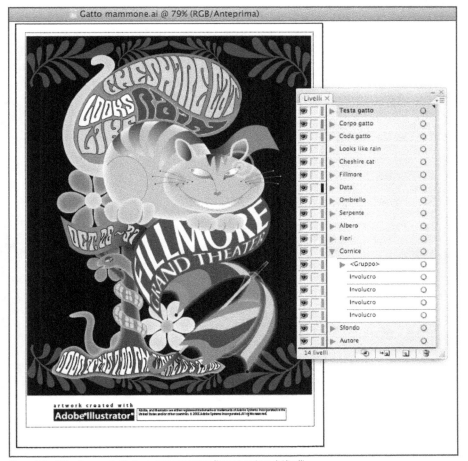

Figura 2.4 – Il file di esempio *Gatto mammone*: notare l'organizzazione dei livelli.

Qualità degli effetti raster

Quando vengono utilizzati effetti e filtri particolari su un progetto grafico, Illustrator CS3, al pari di quanto avviene in FreeHand MX, ricorre alla *rasterizzazione* dei dati. In pratica, taluni effetti (ombre, trasparenze, ecc.), possono essere realizzati solo utilizzando i pixel al posto dei vettori. Questa tecnica "ibrida" provoca non pochi problemi agli utenti di FreeHand MX, che inizialmente usano con leggerezza tutti i filtri messi a disposizione, per poi scoprire che la maggior parte di questi restituisce risultati pessimi durante la fase di output. Pensando ancora a FreeHand MX, in genere il problema ha una doppia valenza: da un lato, ci si dimentica di impostare correttamente la risoluzione di rasterizzazione a 300 DPI (*File > Impostazioni documento > Rasterizza impostazioni di effetto*), dall'altro, tra i vari bug che affliggono il programma c'è lo scarsissimo supporto, a livello di output, per questi effetti.

In Illustrator la gestione degli effetti raster è eseguita a regola d'arte. In primo luogo è però bene impostare la risoluzione degli effetti raster a 72 DPI, per evitare che il computer si appesantisca durante l'elaborazione di un progetto grafico complesso. Possiamo quindi impostare questo valore al momento della creazione del documento, oppure modificarlo in seguito, con il comando *Effetto > Impostazione effetti raster del documento*.

///

La gestione della rasterizzazione in Illustrator CS3 supera di gran lunga quella in FreeHand MX. Troverai molto piacevole poter aggiungere effetti particolari al progetto, senza avere la paura che questi poi non vengano correttamente stampati.

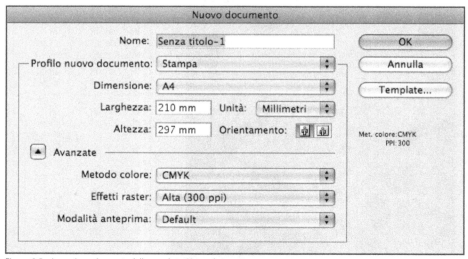

Figura 2.5 – La sezione *Avanzate* della maschera *Nuovo documento*.

NOTA – Se pensi di utilizzare effetti raster nel tuo documento, una metodologia corretta è appunto quella di lavorare sempre a 72 DPI, passando di tanto in tanto a 300 DPI per verificare in maniera precisa il risultato ottenuto.

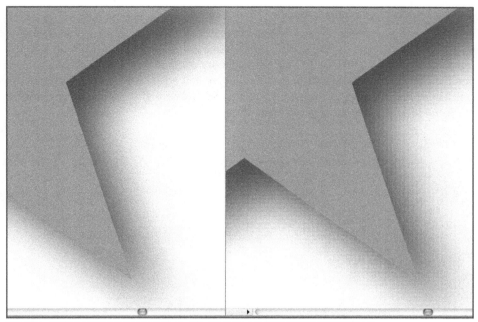

Figura 2.6 – Confronto tra impostazioni raster: una stella con ombra a 72 DPI (sinistra) e 300 DPI (destra).

Creare un nuovo documento da un template

Oltre a creare un nuovo documento vuoto è possibile accedere ad una cospicua libreria di progetti grafici pronti per l'uso. Questi, definiti con il nome di *template*, sono richiamabili con il comando *File > Nuovo da template*. Si tratta di numerose grafiche divise in due macro aree (*Base* e *Ispirazione*) ognuna delle quali contiene altrettante categorie.

Figura 2.7 – Esploso dei vari template forniti con Illustrator CS3.

Salvare un documento come template

Oltre a poter utilizzare i template predefiniti di Illustrator CS3, può risultare utile crearne di nuovi. Un esempio tipico può riguardare le campagne di *mailing mirato*, con le quali vengono generati dei depliant standard (sia dal punto di vista del formato, sia della grafica) ai quali vengono però applicate modifiche di testo. Puoi quindi creare il tuo documento di base, senza però inserire testi e immagini specifiche, salvandolo poi come *template* (*File > Salva come template*), invece che come semplice documento.

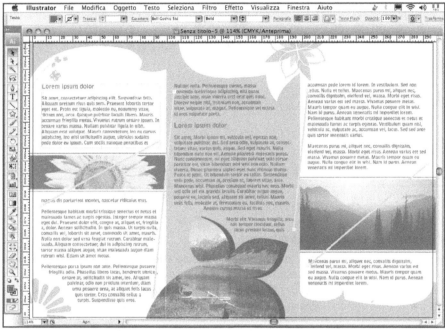

Figura 2.8 – Un esempio di template disponibile in Illustrator CS3.

NOTA: Il formato .AIT che viene generato con il salvataggio di un template è praticamente identico al normale file di Illustrator CS3 (.AI). La differenza è più concettuale che reale. Si tratta di un abitudine che si acquisisce col tempo, per il quale, un progetto unico (o finito) viene salvato come normale file, mentre un progetto da riutilizzare viene normalmente salvato come template.

Aprire un documento con Bridge CS3

I comandi di apertura di un documento sono standard (*Apri* e *Apri documenti recenti*) e non meritano approfondimenti. Ciò che invece risulta interessante è la possibilità di utilizzare *Bridge CS3* come fonte di accesso a tutti i documenti del computer, come ho già accennato nell'introduzione del libro. Se impartisci il comando *File > Sfoglia* viene lanciato automaticamente *Bridge CS3*. Da qui puoi esplorare il disco rigido alla ricerca dei documenti di Illustrator tra molti altri. Poniamo il caso di dover recuperare un file di Illustrator che si trova dentro una cartella densa di molti altri formati di file. Con un riscontro puramente "visivo" ci può volere molto tempo prima di riconoscere il file che ti interessa, quindi procedi come segue:

» Apri Bridge CS3 da Illustrator (*File > Sfoglia*), oppure avvialo dalla tua cartella programmi.
» Esplora l'interno del tuo disco rigido alla ricerca della cartella che ti interessa.
» Una volta trovata la cartella, spostati sul pannello *Filtro* e fai clic sulla voce *Doc Illustrator*. Ora verranno mostrati solo i documenti di Illustrator.
» Fai doppio clic sul documento che ti interessa.

Note sull'uso di Version Cue

Version Cue è un applicativo *server* che permette di gestire il *versioning* dei files. In due parole, si tratta di un sistema sviluppato appositamente per chi deve lavorare in team sui medesimi files. Grazie al server è possibile creare un progetto e depositare (*File > Archivia*) i file su una cartella specifica, condivisa con altri utenti. Utilizzando il sistema di *check-in* e *check-out* un utente può accedere ad un progetto di Illustrator CS3, modificandolo. Durante questo lasso di tempo altri utenti non hanno la possibilità di accedere al file, che torna ad essere disponibile quando il primo utente ha terminato di lavorarci. In questo modo è per esempio possibile strutturare un catalogo, facendo in modo che più persone possano operare durante tutto il suo sviluppo. Version Cue può gestire qualunque tipo di file CS3, non solamente quindi quelli di Illustrator. Per poterlo attivare è necessario includerlo tra le opzioni nel momento in cui si installa Illustrator CS3 o un altro programma della Suite.

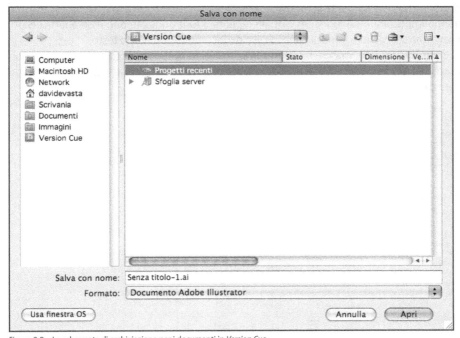

Figura 2.9 – La schermata di archiviazione per i documenti in *Version Cue*.

Salvare un documento PNG per Microsoft Office

Dando un'occhiata alle varie voci del menu *File* si scorge il comando *Salva per Microsoft Office*. Questo comando esporta il contenuto del documento corrente (solo quello all'interno del formato pagina) in formato PNG. A mio avviso questo comando è fuorviante, poiché lascia credere che l'unico formato possibile per esportare un documento per Office sia il PNG. Invece tramite il comando *File > Esporta* è possibile scegliere altrettanti formati, come il BMP, il JPEG, il TIFF, ecc., che sono perfettamente compatibili con Office.

Importare un documento di FreeHand MX

Uno dei principali problemi che deve fronteggiare chi inizia ad usare Illustrator è la riconversione di vecchi documenti di FreeHand MX. Illustrator CS3 supporta quasi del tutto il formato di FreeHand e questa è già una buona mano nel passaggio da un software all'altro. Tra l'altro, parlare di importazione è già un errore, poiché i files di FreeHand possono essere aperti con il normale comando *File > Apri*.

Quando si apre un file di FreeHand, prima di poterlo visualizzare, è necessario definire alcune impostazioni dalla maschera *Opzioni di importazione FreeHand*. La prima cosa da scegliere è come gestire l'eventuale multi pagina presente nel documento di FreeHand. Possiamo importare tutto il documento, oppure scegliere solo una pagina. Nel primo caso, la prima pagina del documento di FreeHand diventa la pagina standard di Illustrator CS3, e la grafica che compone le successive pagine viene posizionata in maniera ordinata sull'area di lavoro di Illustrator, replicando l'ordine originale.

Nel secondo caso invece, viene aperta solo la pagina che scegliamo. Un ulteriore opzione permette di convertire il testo in contorni, in modo da preservarne l'aspetto originale, perdendone però ovviamente la modificabilità. Questa opzione può a mio avviso essere utile se stiamo importando un logo, per il quale reperire il font originale può essere difficoltoso, ma trova una scarsissima applicazione in caso di documenti con molto testo.

Nella parte bassa della maschera di importazione ci sono poi le *Eccezioni*. Qui vengono elencati tutti gli elementi presenti nel documento originale che Illustrator CS3 non è in grado di mantenere.

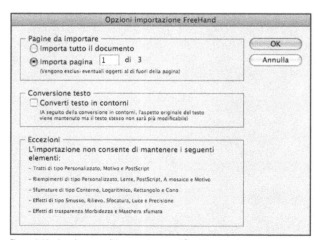

Figura 2.10 – La schermata di importazione per i file di FreeHand.

Gestire il metodo di colore

Durante l'apertura di un documento di FreeHand MX (ma anche con i documenti di Illustrator CS3) può capitare di incorrere in un ulteriore finestra di dialogo che ci richiede una scelta circa il *metodo di colore* da usare. Questo succede in genere quando il documento originale contiene elementi grafici con colori RGB, ma anche CMYK. Illustrator chiede quindi quale metodo di colore debba essere utilizzato. Come recita la nota nella finestra, gli oggetti che utilizzano il metodo di colore non scelto saranno convertiti nel metodo di colore scelto.

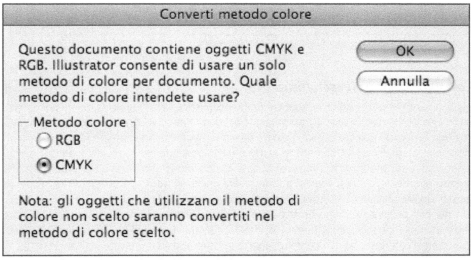

Figura 2.11 – La finestra di dialogo per la scelta del metodo di colore.

Gestire il Profilo di colore

Come ho già anticipato nelle prime pagine del libro, Illustrator CS3 ha una gestione del colore estremamente raffinata, rispetto a quanto avviene in FreeHand. In genere il software si aspetta di trovare un profilo di colore allegato a qualunque documento. Questo accade normalmente quando si lavora con file nativi di Illustrator CS3, ma non avviene con i file di FreeHand, che non contemplano questa opzione. Per questo motivo, un ulteriore finestra di dialogo ci chiede il da farsi proponendoci tre opzioni:

> » Non cambiare (non gestire il colore)
> » Assegna spazio di lavoro corrente
> » Assegna profilo

La prima opzione (sconsigliata) importa il file senza applicare un *profilo di colore*. La seconda opzione attribuisce al file lo *spazio di lavoro* correntemente impostato per Illustrator CS3. La terza opzione permette di attribuire uno dei numerosi profili colore predefiniti. Queste scelte giocano un ruolo fondamentale nella gestione del colore i quali risultati si vedono poi in stampa.

Figura 2.12 – La finestra di dialogo per l'attribuzione del profilo di colore.

Cosa succede in fase di importazione?

Nella documentazione ufficiale Adobe è molto ottimistica circa l'importazione di documenti di FreeHand. In effetti la fase di importazione è indolore per la maggior parte dei documenti, ma in alcuni casi i risultati possono essere davvero mediocri. In genere, se i file di FreeHand non sono stati "arricchiti" con effetti raster a gogò, trasparenze e oggetti nidificati gli uni dentro gli altri (molti *incolla dentro*) le cose vanno bene; altrimenti sono dolori. A volte (molto raramente a dire il vero) ti potrai trovare anche di fronte all'ipotesi di ricostruire da zero il tuo progetto in Illustrator CS3, a patto che sia una strada praticabile.

Un file che può valere come brutto esempio di importazione sono le due mele colorate presenti nella cartella degli esempi di FreeHand MX, *Apples.fh11*. Nella Fig. 2.13 puoi osservare il confronto tra il documento aperto in FreeHand ed importato in Illustrator CS3.

Figura 2.13 – Il documento di esempio *Apples.fh11* come appare in FreeHand (a sinistra) e in Illustrator CS3 (a destra).

Per avere un'idea di quello che succede durante la fase di importazione puoi consultare la tabella seguente, tratta in parte dalla guida ufficiale Adobe alla migrazione tra FreeHand e Illustrator CS3.

	FreeHand MX, 10, 9	FreeHand 8, 7
Multi pagina	Si può scegliere se importare l'intero documento o una singola pagina	La prima pagina viene posizionata all'interno del formato documento corrente, le altre pagine sono posizionate all'esterno
Testo	Su può scegliere di convertire il testo in curve per preservare l'aspetto. La formattazione del testo viene mantenuta, gli stili di FreeHand vengono convertiti negli stili di paragrafo di Illustrator	Il testo viene mantenuto modificabile ma si perdono molte informazioni sulla formattazione e sul flusso tra più aree
Simboli	I simboli vengono preservati	I simboli non vengono preservati e scompaiono
Sfumature	Le sfumature lineari e logaritmiche vengono convertite in sfumature lineari; le sfumature radiali e rettangolari vengono convertire in sfumature radiali; tutti gli altri tipi di sfumature vengono "simulate" per preservare l'aspetto	Le sfumature lineari e logaritmiche vengono convertite in sfumature lineari, ma il loro aspetto può cambiare drasticamente
Fusioni	Le fusioni mantengono il loro aspetto originale ma vengono divise in singoli oggetti.	Le fusioni vengono convertite in pitture dinamiche
Colori	Tutti i campioni (quadricromia, tinte piatte, ecc.) vengono importati e preservati	Tutti i colori in quadricromia presenti nel file vengono importati e definiti come *campioni globali* a quattro colori. Le tinte piatte vengono importate e preservate
Guide	Le guide di pagina e le guide personalizzate vengono preservate	Le guide vengono preservate.
Effetti raster	Le ombre e le trasparenze (lente e base) vengono importate e preservate. Le sfocature semplici e gaussiane, le luce, le luci interne, le ombre interne, le maschere sfumate vengono simulate	FreeHand 7 e 8 non supportano gli effetti raster

Tabella 2.1 – Alcuni effetti dell'importazione di un documento di FreeHand in Illustrator CS3.

Raccogli per l'output

Il comando *Raccogli per l'output* di FreeHand permette di raccogliere tutti gli elementi (fonts, immagini, ecc.) che costituiscono un progetto grafico, per trasferirlo su un altro computer o presso una tipografia per la stampa. Illustrator CS3 non è fornito di questa funzione, che viene però *emulata* tramite l'utilizzo degli *script*. Su Mac, lo script si trova all'interno della cartella *Applicazioni/Adobe Illustrator CS3/Scripting/Sample Scripts/Apple Scripts/Collect for Output*. Per farlo funzionare è necessario aprire un documento in Illustrator CS3 e poi attivare lo script dal *desktop*, con un doppio clic. Su Windows lo script si trova nella cartella *Programmi/Adobe Illustrator CS3/Scripting/Sample Scripts/Visual Basic/Collect for Output*. Per fare in modo che lo script sia disponibile nel menu di Illustrator CS3 è necessario copiarlo nella cartella *Adobe Illustrator CS3/Predefiniti/Scripts* e poi riavviare Illustrator.

ATTENZIONE - A differenza del comando *Raccogli per l'Output* di FreeHand MX, lo script di Illustrator CS3 non copia i font usati nel documento.

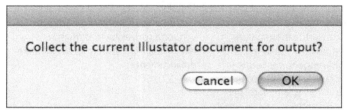

Collect the current Illustator document for output?

Cancel   OK

Figura 2.14 – Una volta attivato, lo script richiede conferma prima di procedere.

NOTA – In alternativa è possibile attivare gli script senza copiarli da una cartella all'altra; è sufficiente impartire il comando *File > Script > Altro script* andando poi a localizzarlo sul proprio disco rigido. Questo comando non è però applicabile, su Mac, allo script *Collect for Output*, poiché si tratta di uno script *Applescript* che non viene riconosciuto dal programma, per cui si deve procedere lanciando lo script dal desktop.

3

Gli strumenti di disegno

Gli strumenti di disegno di Illustrator C3 sono generalmente molto simili a quelli di FreeHand MX, ma con alcune eccezioni. In questo capitolo ci concentreremo sulla descrizione e le modalità d'uso di alcuni strumenti che sono tipici del freehandista e su come questi vengano reinterpretati in Illustrator CS3.

Strumenti per la creazione di forme

La sezione della *barra strumenti* dedicata alla creazione di poligoni, in Illustrator CS3 appare diversa da quella di FreeHand MX. In quest'ultimo infatti esistono due strumenti distinti per creare cerchi (e ovali) e rettangoli (e poligoni). In Illustrator CS3 invece tutte le forme poligonali sono accorpate in un unico strumento, e per poterle scegliere è necessario fare una *pressione prolungata* con il mouse sullo strumento. Da un punto di vista operativo è sicuramente una scelta intelligente. Con questo strumento è possibile creare:

» Rettangoli
» Rettangoli con angoli arrotondati
» Ellissi e cerchi
» Poligoni
» Stelle
» Riflessi

NOTA – A volte può essere un pò fastidioso dover aspettare qualche istante dopo aver fatto una pressione prolungata con il puntatore, prima che i vari strumenti vengano visualizzati. Per evitare questo piccolo inconveniente puoi estrarre la barra dei sotto-strumenti facendo clic sulla barra verticale *Estrai* che si trova a destra degli strumenti (Fig. 3.0). Questa azione può essere applicata a tutti quegli strumenti identificati da una piccola freccia nell'angolo in basso a destra della propria casella.

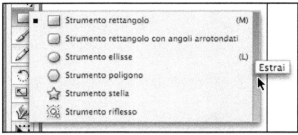

Figura 3.1 – Per estrarre i sotto-strumenti fai clic sulla barra verticale *Estrai*.

Rispetto a FreeHand MX c'è quindi una maggiore varietà di creazione. In realtà però non è tutto oro quello che luccica... un esempio sono i rettangoli con angoli arrotondati.

Rettangoli con angoli arrotondati

La possibilità di smussare dinamicamente gli angoli di rettangoli e quadrati è una delle funzioni tanto apprezzate dagli utenti di FreeHand MX. Inserendo un valore di smussatura nel pannello *Oggetto* si possono trasformare gli angoli di un quadrato in maniera molto immediata. Se si deseleziona l'opzione *Proporzionale* e inoltre possibile gestire in maniera separata il raggio di ogni angolo. Tutto questo può inoltre essere fatto anche in maniera *interattiva*, tramite lo strumento *Sottoseleziona*.

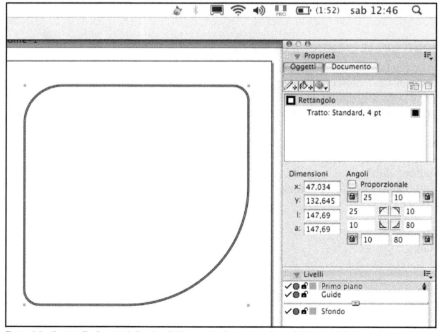

Figura 3.2 – Il pannello *Oggetto* in FreeHand MX permette di smussare gli angoli di un quadrato in maniera molto accurata.

In Illustrator CS3 la creazione di forme con angoli arrotondati si effettua in maniera diversa. Si seleziona lo strumento *Rettangolo con angoli arrotondati* e si fa clic una sola volta nell'area di lavoro, in corrispondenza dell'angolo in alto a sinistra del quadrato che si intende creare. A questo punto viene mostrata una finestra di dialogo per l'immissione numerica dei dati (Fig. 3.3), dove bisogna inserire i valori che intendiamo applicare al quadrato. Dopo aver premuto *OK* viene quindi creato il rettangolo con gli angoli smussati.

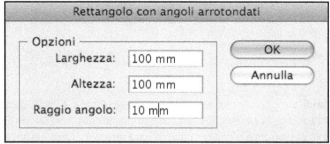

Figura 3.3 – La finestra di dialogo per l'inserimento numerico dei valori di un quadrato con angoli arrotondati.

 NOTA – Il raggio dell'angolo creato con lo strumento di Illustrator CS3 non è più modificabile, una volta che il quadrato è stato creato. Per poter ottenere un quadrato modificabile è necessario procedere in maniera diversa, applicando un effetto specifico. Trovi maggiori informazioni sugli effetti a Pag. 198.

Il comando che abbiamo appena visto mostra quindi delle mancanze rispetto a quello di FreeHand MX. Un altro metodo per poter ottenere un risultato analogo (e soprattutto modificabile) è quello di applicare un *effetto* al quadrato. Puoi procedere in questo modo:

» Crea un quadrato
» Applica il comando *Effetto > Stilizzazione > Angoli arrotondati*
» Inserisci il valore di arrotondamento che desideri e fai clic su *OK*.

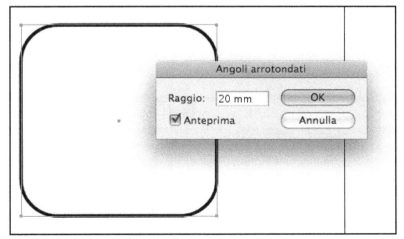

Figura 3.4 – Applicazione dell'effetto *Angoli arrotondati*.

///

Lo strumento per la creazione di quadrati con angoli smussati di Illustrator CS3 non risulta essere altrettanto intuitivo ed immediato quanto quello di FreeHand MX. In particolar modo, la creazione di forme complesse, con angoli indipendenti (Fig. 3.2), realizzabili grazie alle funzioni del pannello Oggetto di FreeHand MX, è più difficoltosa e fa sentire la mancanza di uno strumento di tale capacità in Illustrator CS3.

Lo strumento Penna

Tra i due software ci sono grandi somiglianze in merito allo strumento *Penna*. Ci sono solo alcune differenze che saltano all'occhio. Per esempio, in FreeHand MX, durante la creazione di un tracciato, dopo aver fatto clic su un punto, viene creato un nuovo segmento, che si muove in maniera dinamica finché non si fa clic su un altro punto. In Illustrator CS3 invece il nuovo segmento viene visualizzato solo nel momento in cui si fa clic. Il non poter vedere in anticipo il tracciato che stiamo creando è una piccola differenza che provoca inizialmente qualche fastidio nell'utilizzo, ma nel tempo ci si abitua. Un'altra differenza riguarda la possibilità, in FreeHand MX, di annullare progressivamente i vari segmenti creati con la pressione del tasto *Backspace*.

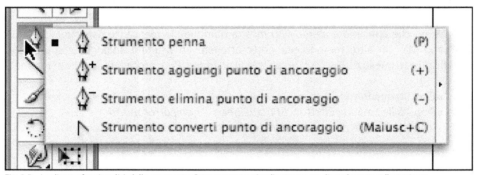

Fig. 3.5 – Le diverse funzionalità dello strumento *Penna* vengono visualizzate con un clic prolungato sulla sua icona.

Operazioni sui tracciati

Le differenze sostanziali tra i due programmi le troviamo invece quando si rende necessario modificare un tracciato appena creato. Qui bisogna prendere confidenza con gli strumenti di modifica di Illustrator CS3. Chi conosce e usa già Photoshop, non dovrebbe avere grossi problemi, poiché questi strumenti sono identici tra i due software. A volte modificare un tracciato in FreeHand MX è un'operazione molto immediata, grazie al fatto che non è necessario usare molti strumenti diversi per tale scopo. Altre volte però le cose si possono complicare, con passaggi ulteriori per eseguire operazioni tutto sommato semplici. In Illustrator CS3 le cose sono quasi del tutto diverse, e per certi versi migliori, ma è necessario impegnarsi con attenzione, perché ci vuole del tempo prima di avere la stessa padronanza che si ha in FreeHand MX. La Tabella 3.1 mette a confronto le diverse operazioni nei due software.

Intento	FreeHand MX	Illustrator CS3
Spostare un intero tracciato	Strumento *Puntatore* o Strumento *Sottoseleziona* (a patto che il tracciato non sia già selezionato)	Strumento *Selezione*
Spostare un solo punto di un tracciato	Strumento *Puntatore* e/o *Sotteseleziona* (dopo aver però selezionato il tracciato)	Strumento *Selezione diretta* (dopo aver però selezionato il tracciato)
Spostare un solo segmento di un tracciato	Si esegue in due fasi: 1) Selezione dei punti estremi al segmento con lo strumento *Puntatore* 2) Trascinamento di uno dei due punto con il medesimo strumento	Trascinamento del segmento con lo strumento *Selezione diretta* (anche senza averlo preventivamente selezionato)
Aggiungere un nuovo punto ad un tracciato	Si esegue in due fasi: 1) Selezione del tracciato con lo strumento *Puntatore* 2) Clic nel punto prescelto con lo Strumento *Bezier*	Clic nel punto prescelto con lo strumento *Aggiungi punto di ancoraggio* (anche senza averlo preventivamente selezionato)
Cancellare un punto da un tracciato	Si esegue in tre fasi: 1) Selezione del tracciato con lo strumento *Puntatore* o *Sottoseleziona* 2) Clic nel punto prescelto 3) Pressione del tasto *Backspace* o *Canc* sulla tastiera	Si esegue in due fasi: 1) Selezione del tracciato con lo strumento *Selezione* o *Selezione diretta* 2) Clic nel punto prescelto con lo strumento *Elimina punto di ancoraggio*

Aggiungere un nuovo punto ad un tracciato e contemporaneamente spostarlo	Si esegue in due fasi: 1) Selezione del tracciato con lo strumento *Puntatore* 2) Clic + trascina nel punto prescelto con lo strumento *Bezier*	Si esegue in due fasi: 1) Selezione del tracciato con lo strumento *Selezione* o *Selezione diretta* 2) Clic + trascina sul segmento con lo strumento *Cambia forma*
Convertire un punto angolo in un punto curva	Si esegue in quattro fasi: 1) Selezione del tracciato con lo strumento *Puntatore* o *Sottoseleziona* 2) Clic nel punto prescelto 3) Attivazione dell'opzione *punto curva* nella sezione *Tipo* del pannello *Oggetto* 4) Attivazione dell'opzione *Automatiche* nella sezione *Maniglie* del pannello *Oggetto*	Clic + trascina nel punto prescelto con lo strumento *Converti punto di ancoraggio* (anche senza aver preventivamente selezionato il tracciato cui appartiene)
Convertire un punto curva in un punto angolo	Si esegue in tre fasi: 1) Selezione del tracciato con lo strumento *Puntatore* o *Sottoseleziona* 2) Clic nel punto prescelto 3) Attivazione dell'opzione *punto angolo* nella sezione *Tipo* del pannello *Oggetto*	Clic nel punto prescelto con lo strumento *Converti punto di ancoraggio* (anche senza aver preventivamente selezionato il tracciato cui appartiene)
Creare una curva da un segmento senza aggiungere un punto nel mezzo	Si esegue in due fasi: 1) Selezione del tracciato con lo strumento *Puntatore* o *Sottoseleziona* 2) Clic + trascina nel mezzo del segmento prescelto con lo strumento *Sottoseleziona*	Non è possibile effettuare questa operazione in Illustrator CS3 in maniera automatica. La si può solo riprodurre manualmente, con operazioni sequenziali

Selezionare un oggetto, poi il gruppo a cui appartiene, poi un altro gruppo a cui appartiene il primo gruppo	Non è possibile effettuare questa operazione in FreeHand MX. La si può solo riprodurre manualmente, con selezioni successive, tramite lo strumento *Sottoseleziona*	Serie di clic successivi con lo strumento *Selezione gruppo*

Tabella 3.1 - Strumenti per operazioni sui tracciati: confronto tra Illustrator CS3 e FreeHand MX

Strumenti per linee e griglia

In FreeHand MX gli strumenti *Linea*, *Arco* e *Spirale* sono accorpati in un unico pulsante. In Illustrator CS3 le cose sono identiche, solo che in più sono presenti lo strumento *Griglia rettangolare* e *Griglia polare*. Le modalità di creazione sono identiche: si posiziona il cursore sulla pagina, si fa clic + trascina. La differenza è limitata alla modifica delle impostazioni di ogni singolo strumento. In FreeHand MX, per cambiare per esempio le caratteristiche dello strumento *Spirale* si procede come segue:

» Fai doppio clic sullo strumento *Spirale*
» Imposta i parametri desiderati nella finestra di dialogo
» Fai clic su OK
» Usa lo strumento liberamente

In Illustrator CS3 invece si procede diversamente:

» Scegli lo strumento *Spirale*
» Fai un solo clic nell'area di lavoro
» Imposta i parametri desiderati nella finestra di dialogo
» Conferma le scelte
» Usa lo strumento liberamente

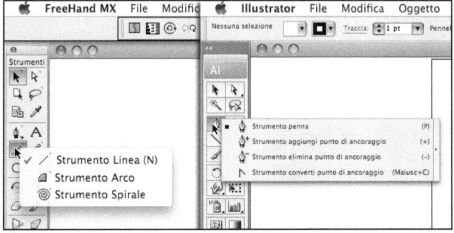

Fig 3.6 – Confronto tra gli strumenti per linee e griglia dei due software.

NOTA: In genere questa regola è applicabile anche a molti altri strumenti. Ovvero, ciò che in FreeHand si realizza con un doppio clic sullo strumento scelto, in Illustrator si effettua con un singolo clic nell'area di lavoro, dopo aver scelto lo strumento che si intende usare.

Disegnare a mano libera

Globalmente Illustrator CS3 mette a disposizione strumenti di disegno a mano libera molto più avanzati di FreeHand. Ovviamente i risultati migliori si ottengono con l'utilizzo di una *tavoletta grafica* che grazie alla sensibilità alla pressione permette di usare ampiamente le capacità di Illustrator nella riproduzione di tratti a dimensione variabile.

Lo strumento matita

Lo strumento matita di Illustrator CS3 è davvero molto più avanzato di quello di FreeHand MX. Su quest'ultimo gli unici parametri che possono essere impostati sono la *precisione* con cui vengono creati i tratti ed il *tratteggio* di questi. In Illustrator CS3 invece è possibile definire molte più opzioni.

Innanzi tutto l'equivalente del valore di *precisione* in FreeHand viene gestito tramite ben due parametri: *Fedeltà* (che definisce il numero di punti inseriti durante il movimento) e *Arrotondamento* (che definisce quanto le curve prodotte debbano essere più o meno morbide).

L'opzione *Riempi nuovi tratti di matita* serve invece a creare un riempimento automatico tra il punto iniziale e quello finale di un disegno. Ovviamente deve essere stato preventivamente impostato un colore (o tipo) di riempimento.

Mantieni selezionato determina invece se il disegno rimane selezionato o meno, dopo essere stato creato. Infine, *Modifica tracciati selezionati* permette di definire una soglia (in pixel) sotto la quale un nuovo disegno va ad unirsi ad uno precedentemente creato, formando un unico tracciato.

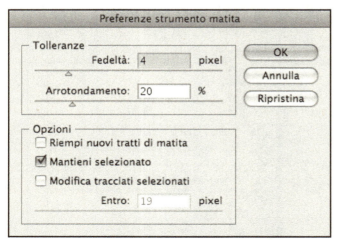

Fig 3.7 – La maschera delle preferenze per lo strumento *Matita*.

Lo strumento Arrotonda

Immediatamente sotto allo strumento *Matita* si trova lo strumento *Arrotonda*. Questo strumento è molto simile al comando *Semplifica* di FreeHand MX che si trova nella barra *Operazioni Xtra*. Serve principalmente a smussare le curve, rimuovendo i punti in eccedenza. In FreeHand MX si manifesta attraverso una finestra di dialogo, nella quale si immette un valore di *esemplificazione*. In Illustrator CS3 invece è uno strumento con cui si opera dinamicamente intorno ai segmenti che si intende esemplificare. Anche in questo caso l'azione dello strumento viene gestita tramite *Fedeltà* e *Arrotondamento*. A differenza di FreeHand MX, però, è possibile ottenere maggior controllo sul risultato finale.

Lo strumento Pennello

Lo strumento *Pennello* di Illustrator CS3 è molto simile allo strumento *Penna a tratto variabile* di FreeHand MX ed anche le impostazioni di base sono quasi uguali. C'è però una sostanziale differenza. Quando si usa lo strumento di FreeHand per disegnare tracciati, questi diventano forme poligonali vere e proprie, con tanto di riempimento e bordo. In Illustrator CS3 invece viene sempre creato solamente un tracciato, a cui vengono date caratteristiche di visualizzazione particolari grazie all'uso del concetto di *Aspetto* che tratteremo più avanti nel testo. La comodità risiede nel fatto che una traccia composta con lo strumento *Pennello* può essere modellata liberamente a posteriori, cambiandone la forma. Cosa invece quasi del tutto impossibile da realizzare in FreeHand MX, a meno che non si voglia impazzire spostando tutti i punti che compongono il poligono.

Fig. 3.8 – Pennelli a confronto: Illustrator CS3 sfrutta una modalità di rappresentazione totalmente diversa e molto innovativa.

Tagliare e bucare tracciati e forme

Spesso, dopo aver creato un tracciato o una forma, nasce l'esigenza di cancellarne una parte o di crearvi un *buco*. Illustrator CS3 offre diversi strumenti per assolvere a questi compiti: *Cancella tracciato*, *Gomma*, *Forbici* e *Cutter*. Nella Tabella 3.2 possiamo osservare la corrispondenza di comandi tra Illustrator CS3 e FreeHand MX e le modalità di applicazione.

Strumento Illustrator CS3	Strumento corrispondente in FreeHand MX	Metodo d'uso e risultato
Strumento *Cancella tracciato*	Lo strumento più simile è *Coltello*, ma ha una campo di applicazione più ridotto	Viene usato per creare una interruzione su un tracciato. Può avere molteplici risultati a seconda di come viene usato
Strumento *Gomma*	Strumento *Gomma*	Viene usato per cancellare parti di un poligono o bucarlo. La versione di Illustrator CS3 può contare su un maggior numero di opzioni che determinano l'aspetto del risultato finale. Queste possono essere attivate con un doppio clic sul pulsante dello strumento
Strumento *Forbici*	Strumento *Coltello*	Viene usato per creare una interruzione su un tracciato
Strumento *Cutter*	Strumento *Gomma*	Serve per tagliare principalmente oggetti poligonali. Per ottenere lo stesso risultato in FreeHand MX, bisogna usare lo strumento *Gomma,* inserendo un valore di *larghezza minima* pari a 0,3528

Tabella 3.2 - Strumenti di ritaglio dei tracciati: confronto tra Illustrator CS3 e FreeHand MX

NOTA – Gli strumenti *Cancella tracciato, Gomma* e *Cutter* funzionano indiscriminatamente su qualunque oggetto nell'area di lavoro, sia che si tratti di oggetti semplici sia che si tratti di gruppi. Se vuoi operare solo su una parte del progetto puoi usare la modalità *Isolamento* (che tratteremo più avanti nel testo) facendo doppio clic su un gruppo di oggetti. In questo modo, gli oggetti che non fanno parte del gruppo isolato rimangono in secondo piano e non vengono influenzati dall'utilizzo degli strumenti scelti.

Modellare i poligoni

Illustrator CS3 ha numerosi strumenti per la modellazione dei poligoni che non trovano corrispondenza in FreeHand MX. In questo paragrafo descriveremo innanzi tutto l'unico strumento che i due software hanno in parte in comune, dedicandoci poi alla revisione degli strumenti di modifica specifici di Illustrator CS3.

Lo strumento Altera

Lo strumento *Altera* (corrispondente allo strumento *Forma libera* di FreeHand MX) permette di modellare in maniera dinamica qualunque forma poligonale. Questo strumento è molto simile come principio di applicazione allo strumento *Fluidifica* presente in Photoshop CS3. Dopo aver definito le caratteristiche dello strumento con un doppio clic sulla sua icona (Fig. 3.9) lo si usa come una specie di pennello calamitato, trascinando porzioni variabili dei poligoni su cui viene fatto passare. Nella figura 3.10 si può osservare come il profilo di un viso, dopo essere stato acquisito con uno scanner e trasformato in poligoni (*vettorializzazione*) può essere modificato nei lineamenti.

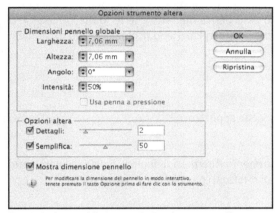

Fig 3.9 – La finestra delle impostazioni per lo strumento *Altera*.

Il risultato non dipende però solo da quanto si è attenti nelle operazioni, ma anche dalle impostazioni dello strumento. È importante definire in maniera precisa *Larghezza* e *Altezza* dell'area di intervento, oltre che *Intensità*. Questa, in particolar modo, influisce sulla *durata del trascinamento*. Nel caso di piccolo ritocchi periferici (come nell'esempio in fig. 3.10) è necessario usare un valore di *intensità* moderato (30-40%) per evitare che le deformazioni siano troppo marcate. Le opzioni *Dettagli* e *Semplifica* servono invece a definire quanto le fattezze del disegno originale debbano essere preservate.

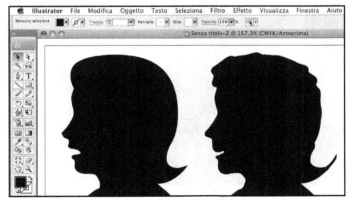

Fig 3.10 – Utilizzo dello strumento *Altera* per modellare i lineamenti di un viso.

Il campo di applicazione e la qualità dei risultati che si ottengono con lo strumento Altera di Illustrator CS3 lo rendono di gran lunga superiore rispetto allo strumento Forma libera di FreeHand MX.

Strumenti per la modellazione "creativa"

Accorpati insieme con lo strumento *Altera* troviamo altri 6 strumenti di modellazione poligonale. Questi permettono però di ottenere risultati molto creativi, trasformando in breve, forme di base come quadrati e cerchi, in sofisticate illustrazioni. Il vantaggio di Illustrator rispetto a FreeHand in questo caso deriva dal fatto che le forme complesse si possono realizzare con pochi passaggi, che invece in FreeHand richiederebbero un numero di operazioni molto più elevato.

Strumento Vortice

Azione
Crea distorsioni a spirale all'oggetto a cui viene applicato

Note
Le opzioni di base sono identiche allo strumento *Altera*. La differenza è data dal parametro *Forza Vortice* che determina la quantità di rotazioni con cui viene creato il vortice.

Consigli per l'uso
Questo strumento si usa in genere in maniera statica. Si posiziona il cursore su una parte del poligono che si vuole modificare e si fa clic. A seconda di quanto il clic è prolungato, l'effetto diventa più evidente.

Fig. 3.11 – Esempio di utilizzo dello strumento *Vortice*.

Strumento Risucchio

Azione
Attira i punti di controllo di una forma verso l'area di intervento definita.

Note
Il valore di *intensità* va regolato con parsimonia, altrimenti la capacità attrattiva diventa esagerata.

Consigli per l'uso
Molto utile su forme complesse, composte da molti punti, come per esempio le stelle. Scarso utilizzo invece su forme di base, come per esempio i quadrati, sui quali invece è preferibile lo strumento *Altera*.

Fig. 3.12 – Esempio di utilizzo dello strumento *Risucchio*.

Strumento Gonfiamento

Azione
Allontana i punti di controllo di una forma dall'area di intervento definita. In buona sostanza è quasi l'inverso dello strumento *Risucchio*.

Consigli per l'uso
Bisogna fare attenzione a come viene usato, poiché il rigonfiamento non è *morbido*, si basa invece sulla dimensione definita tra le opzioni dello strumento.

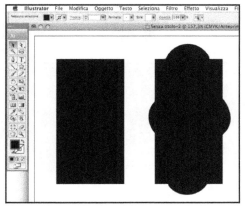

Fig. 3.13 – Esempio di utilizzo dello strumento *Gonfiamento*.

Strumento Smerlo

Azione
Aggiunge dettagli irregolari curvi ad una forma, scavandola.

Note
La bontà del risultato è determinata in particolar modo dai valori *complessità* e *dettagli*. Se sono troppo elevati si ottiene un frastagliamento troppo evidente.

Consigli per l'uso
Viene usato in maniera analoga allo strumento *Vortice*, ovvero con dei clic brevi. Per ottenere un buon risultato è necessario che l'area di intervento si trovi per la maggior parte all'interno della forma, ed in piccola parte fuori da questa.

Fig. 3.14 – Esempio di utilizzo dello strumento *Smerlo*.

Strumento Cristallizza

Azione
Aggiunge dettagli irregolari appuntiti ad una forma, rigonfiandola.

Note
Simile come utilizzo allo strumento *Smerlo* permette di ottenere risultati più interessanti in modo molto semplice.

Consigli per l'uso

Può essere usato indifferentemente sia in maniera statica sia muovendo il cursore. È molto utile per simulare esplosioni su un piano.

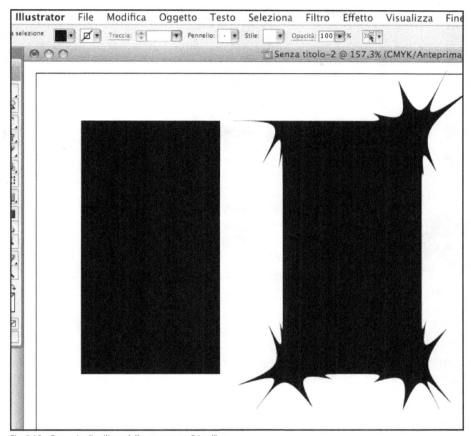

Fig. 3.15 – Esempio di utilizzo dello strumento *Cristallizza*.

Strumento Ruga

Azione

Agisce sulla forma a cui viene applicato provocando un frastagliamento orizzontale o verticale.

Note

Questo strumento è perfetto per creare l'effetto *erba* in un'illustrazione

Consigli per l'uso

Va usato quasi esclusivamente con il cursore in movimento. Usarlo in maniera statica ha poco senso, perché lo stesso risultato può essere ottenuto in maniera migliore con gli strumenti *Cristallizza* e *Smerlo*.

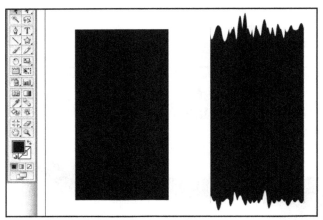

Fig. 3.16 – Esempio di utilizzo dello strumento *Ruga*.

Lo strumento Ruga è simile al comando Bordi frastagliati presente nella barra degli strumenti extra di FreeHand MX. I risultati che si possono ottenere sono però molto più interessanti, grazie anche al fatto di poter applicare l'effetto in maniera localizzata e non solamente globale come in FreeHand.

Strumento Fusione

Lo strumento *Fusione* permette di creare un passaggio graduale tra due oggetti che contempla sia la trasformazione della loro forma, sia del colore. Lo strumento *Fusione* di Illustrator CS3 è molto simile al suo omonimo in FreeHand MX, ma rispetto a questo ha maggiori possibilità di personalizzazione. A dire il vero, l'unica comodità che ha FreeHand rispetto ad Illustrator, in questo caso, è la possibilità di vedere un anteprima schematica della fusione, prima che questa sia definitivamente creata. Nella Tabella 3.3 sono mostrati i due strumenti a confronto.

Dopo aver creato una fusione è possibile apportare alcune modifiche a questa. E sufficiente selezionare la fusione e fare doppio clic sullo strumento *Fusione*. In primo luogo è possibile modificare i punti estremi della fusione, spostando gli oggetti interessati con lo strumento *Sottoseleziona*. Oltre questo si può modificare il metodo di *spaziatura* scegliendo tra:

» *Colore omogeneo* (la quantità di passaggi nella fusione è determinata dalla diversità di colore tra gli oggetti)

» *Passaggi specificati* (si definisce un valore standard per il numero di passaggi)

» *Distanza specificata* (si definisce una distanza minima in millimetri tra un passaggio e l'altro)

» *Orientamento* (si definisce l'allineamento dei singoli passaggi a scelta tra *Allinea alla pagina* e *Allinea al tracciato*)

Intento	Procedura con FreeHand MX	Procedura con Illustrator CS3	Note
Creare una fusione *lineare* tra due o più oggetti	Non è possibile ottenere una fusione *lineare* in FreeHand MX	1) Si seleziona lo strumento *Fusione* 2) Si fa clic sul primo oggetto, poi sul secondo e così via, facendo attenzione a non selezionare i punti di ancoraggio	
Creare una fusione con *rotazione* tra due o più oggetti	1) Si seleziona lo strumento *Fusione* 2) Si fa Clic + trascina dal primo oggetto al secondo e così via	1) Si seleziona lo strumento *Fusione* 2) Si fa clic sul punto di ancoraggio desiderato sul primo oggetto, poi sul punto di ancoraggio prescelto del secondo oggetto, e così via. Quando si è sopra un punto di ancoraggio, il quadrato bianco del puntatore diventa nero	A seconda di quali punti di ancoraggio vengono scelti la rotazione può essere più o meno evidente
Creare una fusione tra due tracciati aperti	1) Si seleziona lo strumento *Fusione* 2) Si fa Clic + trascina dal primo tracciato al secondo	1) Si seleziona lo strumento *Fusione* 2) Si fa Clic sul punto estremo del primo tracciato 3) Si fa Clic sul punto estremo del secondo tracciato	La scelta dei punti estremi del tracciato permette di creare fusioni *incrociate*. In FreeHand MX è necessario invertire manualmente i punti estremi dei due tracciati

Tabella 3.3 – Lo strumento *Fusione*: confronto tra i due applicativi.

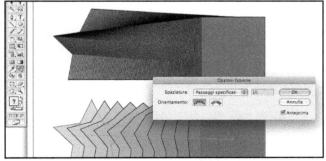

Fig 3.17 – Modifica di una fusione tramite la finestra *Opzioni fusione*.

Operazioni con gli oggetti

La gestione degli oggetti di Illustrator CS3 è globalmente simile al metodo utilizzato in FreeHand MX, ma anche qui non mancano vistose differenze. In questo capitolo vedremo quindi come modificare gli oggetti, combinarli tra loro per ottenere nuove forme, raggrupparli, e molto altro ancora.

Status degli oggetti

Prima di andare oltre con la lettura del capitolo è necessario soffermarsi su una diversità importante tra i due software. In FreeHand MX, quando si crea per esempio un rettangolo, questo assume subito uno stato di "raggruppamento". In pratica, per poter modellare i singoli punti, e quindi trasformarlo in un altra forma, è necessario impartire il comando *Elabora > Separa*, e poi usare lo strumento *Puntatore* (o *Sottoseleziona*) per muovere i punti perimetrali del rettangolo.

Se non si separa il rettangolo, appena viene utilizzato lo strumento *Sottoseleziona* si provoca una deformazione degli angoli, che assumono un aspetto curvilineo (come abbiamo già visto a Pag. 46). Questa in realtà non è una pecca, semplicemente è l'approccio che si mette in campo con FreeHand MX rispetto a quello che si vuole ottenere:

» Se si vuole *distorcere* il rettangolo, trasformandolo in un poligono di diversa forma, è necessario usare il comando *Elabora > Separa* prima di procedere oltre

» Se invece si vogliono modellare gli angoli del rettangolo, si usa direttamente lo strumento *Sottoseleziona* senza separare il rettangolo

In Illustrator CS3 le cose vanno diversamente. Qualunque forma creata, può essere immediatamente modellata, usando lo strumento *Selezione diretta*. Bisogna solo avere l'accortezza di fare un primo clic per selezionare la forma, ed un secondo clic per selezionare il punto di ancoraggio desiderato, dopodiché è possibile spostarlo. In pratica, gli oggetti creati non assumono subito uno stato di "raggruppamento" come in FreeHand MX. Vediamo quindi nella Tabella 4.1 il confronto tra i due programmi nell'operazione appena descritta.

FreeHand MX	Illustrator CS3	Note
Primo passo: creazione del rettangolo		
Si usa lo strumento *Rettangolo*	Si usa lo strumento *Rettangolo*	L'operazione è identica
Secondo passo: deformazione del rettangolo		
Si impartisce il comando *Elabora > Separa* Si usa lo strumento *Sottoseleziona* per deformare l'oggetto	1) Si fa clic una prima volta sul rettangolo con lo strumento *Selezione diretta* 2) Si fa clic una seconda volta sul punto di ancoraggio prescelto sempre con lo strumento *Selezione diretta*	In FreeHand MX è necessario impartire il comando *Elabora > Separa* prima di procedere alla deformazione

Tabella 4.1 – Confronto tra procedure nei due software: modellazione di un rettangolo.

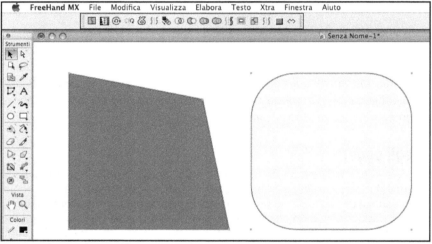

Fig 4.1 – Confronto tra forme modificate in FreeHand MX: a sinistra è stato applicato il comando separa, prima della distorsione, a destra invece no.

Metodologia di raggruppamento

Ancora una volta, il metodo adottato per gestire i raggruppamenti di oggetti, appare in parte diverso tra i due software. In FreeHand MX, gli oggetti possono essere raggruppati tra loro tramite il comando *Elabora > Raggruppa*. In seguito è possibile operare sui singoli componenti di un gruppo in tre modi:

» Separando nuovamente il gruppo
» Facendo clic sull'oggetto desiderato con lo strumento *Sottoseleziona*
» Facendo Alt + clic sull'oggetto desiderato con lo strumento *Puntatore*

Dopo aver isolato l'oggetto desiderato è possibile modificarlo a piacimento. La differenza tra le tre modalità è che nel primo caso, saremo costretti nuovamente a raggruppare gli oggetti, dopo averne modificato uno solo, nei restanti casi invece questa operazione non è necessaria, poiché l'oggetto selezionato viene *temporaneamente* isolato dal gruppo.

In Illustrator CS3 le cose sono nuovamente diverse. In effetti, è possibile isolare temporaneamente un oggetto facente parte di un gruppo, tramite uno di questi due comandi:

» Clic sull'oggetto desiderato con lo strumento *Selezione diretta*
» Alt + clic sull'oggetto desiderato con lo strumento *Selezione*

Ma dopo averlo isolato, saremo in grado di modificare solo alcune cose: *riempimento*, *contorno*, deformazione del *perimetro*, ecc. Non saremo però in grado di spostarlo in maniera indipendente rispetto agli altri oggetti facenti parte del gruppo. In pratica, qualunque tentativo di spostamento, genererà solamente una deformazione dell'oggetto.

Modalità Isolamento

Illustrator CS3 utilizza una modalità di raggruppamento/isolamento che prende spunto direttamente da *Flash*. In pratica, invece che isolare un solo oggetto, si isola un intero gruppo, lavorando poi all'interno di questo. Questa operazione è molto semplice ed immediata, è sufficiente fare doppio clic sul gruppo che si intende isolare. Vediamo ancora una volta il confronto tra i due programmi nell'operazione appena descritta:

FreeHand MX	Illustrator CS3	Note
Primo passo: creazione di un gruppo di oggetti		
Dopo aver creato gli oggetti si impartisce il comando *Elabora > Raggruppa*	Dopo aver creato gli oggetti si impartisce il comando *Oggetto > Raggruppa*	L'operazione è identica
Secondo passo: isolamento di un oggetto del gruppo		
Si effettua in due modi: 1) Clic sull'oggetto desiderato con lo strumento *Sottoseleziona* 2) Alt + clic sull'oggetto desiderato con lo strumento *Puntatore*	Si fa doppio clic sul gruppo con lo strumento *Selezione*	
Terzo passo: spostamento dell'oggetto isolato		
Si trascina l'oggetto con lo strumento *Puntatore* o *Sottoseleziona,* facendo attenzione a non selezionare i punti perimetrali, altrimenti si ottiene una deformazione invece dello spostamento	Si trascinano gli oggetti del gruppo isolato con lo strumento *Selezione*	Il vantaggio di Illustrator CS3 è dato dalla possibilità di muovere qualunque oggetto di un gruppo isolato; in FreeHand MX invece si isola un oggetto per volta

Quarto passo: ripristinare lo stato di gruppo dopo la modifica		
Si fa clic all'esterno del gruppo, su qualunque area del documento	Si effettua in due modi: - Doppio clic all'esterno del gruppo, su qualunque area del documento - Clic sul pulsante *Esci da gruppo isolato* che si trova in alto a sinistra nella finestra documento	

Tabella 4.2 - Modalità isolamento: confronto tra i due software.

///

La modalità di raggruppamento/isolamento di Illustrator CS3 è indubbiamente molto sofisticata e utile, soprattutto quando nell'area di lavoro sono presenti numerosi oggetti, e la loro prossimità e stratificazione rende difficile l'isolamento di uno di questi. C'è però da dire che per un freehandista non è così facile adattarsi a questa metodologia, che appare, almeno inizialmente, meno immediata di quella in FreeHand MX.

Fig. 4.2 – La modalità *isolamento* viene identificata con una freccia seguita dal nome del gruppo.

Gruppi nidificati

La modalità *isolamento* permette di nidificare quindi un gruppo dentro altri, fino ad ottenere raggruppamenti molto complessi. Per poter gestire efficacemente questa mole di informazioni è possibile assegnare un nome univoco ad ogni gruppo, attraverso il pannello *Livelli*. Basta fare doppio clic sul gruppo che si intende modificare, inserendo il nome nella finestra di dialogo *Opzioni*.

Fig 4.3 – Nel pannello *Livelli* è possibile nominare in maniera indipendente gruppi e sottogruppi.

Nel caso di gruppi con molte nidificazioni è possibile muoversi al loro interno grazie al *percorso di navigazione* a etichette che si trova in alto a sinistra nel documento corrente. Ogni doppio clic su un nuovo gruppo provoca l'apparizione del suo nome nel percorso di navigazione; per tornare ad un gruppo precedente si fa clic sul suo nome, oppure sulla freccia *Esci da gruppo isolato.*

Fig 4.4 – Il *percorso di navigazione* per i gruppi nidificati.

NOTA - In FreeHand MX è possibile che un gruppo di oggetti contenga anche altri gruppi di oggetti, ma questi non sono nidificati tra loro, ed è quindi impossibile isolarli progressivamente.

Trasformazione libera degli oggetti

La trasformazione degli oggetti viene applicata in modo simile tra i due programmi, ma ancora con delle eccezioni. La trasformazione *libera* in Illustrator CS3 è già disponibile appena un oggetto è stato creato. Basta selezionarlo, per vedere apparire tutto intorno il *rettangolo di selezione* e le *maniglie di trasformazione*. Se si sovrappone il cursore a queste appaiono le frecce di ridimensionamento. Se invece il cursore viene posto distante qualche pixel dalle maniglie, appaiono le curve di rotazione.

Fig 4.5 – Riferimenti visivi per la trasformazione di un oggetto.

Inclinazione di un oggetto

Una differenza la troviamo quando si deve *inclinare* un oggetto lungo una direzione. In FreeHand MX, è sufficiente posizionare il cursore lungo il perimetro dell'oggetto (orizzontale o verticale) facendo apparire l'icona delle *frecce contrapposte*. Trascinando il cursore si ottiene quindi l'inclinazione. Vediamo invece come si procede in Illustrator CS3.

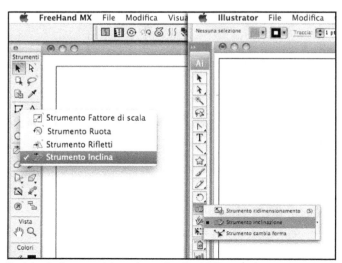

Fig 4.6 – Confronto tra i due software: FreeHand MX integra lo strumento di *inclinazione* insieme a quelli di rotazione, ridimensionamento e riflessione.

Inclinazione di un oggetto	
FreeHand MX	Illustrator CS3
Selezione Si fa doppio clic sull'oggetto con lo strumento *Puntatore*	**Selezione** Si fa un solo clic sull'oggetto con lo strumento *Selezione*
Inclinazione Clic + trascina sul perimetro tratteggiato dell'oggetto, sia in orizzontale che in verticale	**Inclinazione** Clic + trascina con lo strumento *Inclinazione*
Deselezione Doppio clic all'esterno dell'oggetto	

Tabella 4.3 - Inclinazione di un oggetto: confronto tra i due software

Rotazione di un oggetto

La rotazione di un oggetto ha luogo intorno al suo punto fisso. Nella definizione di questo punto (che diventa il fulcro di tutta la rotazione) FreeHand e Illustrator adottano metodi diversi. Nella Tabella 4.4 è rappresentato il confronto tra gli applicativi.

Modifica del punto fisso per la rotazione di un oggetto	
FreeHand MX	Illustrator CS3
Selezione Si fa doppio clic sull'oggetto con lo strumento *Puntatore*	**Selezione** 1) Si fa clic sull'oggetto con lo strumento *Selezione*
Cambiamento del punto fisso Clic + trascina sul punto fisso dell'oggetto (che in genere corrisponde con il centro dell'oggetto), fino a posizionarlo dove si preferisce	**Cambiamento del punto fisso** Si esegue in due passaggi: 1) Si fa clic sullo strumento *Rotazione* 2) Clic +trascina sul punto fisso, posizionandolo dove si preferisce
Rotazione Clic + trascina su uno degli angoli periferici del rettangolo di selezione, fino a che non si è soddisfatti della rotazione	**Rotazione** Clic + trascina su in qualunque parte del documento, fino a che non si è soddisfatti della rotazione

Tabella 4.4 - Rotazione di un oggetto: confronto tra i due software

Riflessione di un oggetto

I due software si comportano in maniera identica durante la riflessione di un oggetto, ma Illustrator CS3 aggiunge una piccola opzione che ne aumenta la precisione. In FreeHand MX, la *linea di riflessione* viene definita in maniera immediata dal posizionamento del puntatore. Nel momento in cui si fa clic + trascina su un determinato punto, ha luogo la riflessione, che prende quel punto come riferimento. In Illustrator CS3 invece si fa un primo clic per definire il punto di riflessione ed un secondo clic + trascina per effettuare la riflessione.

Trasformazione di più oggetti

In Illustrator CS3 è possibile modificare più oggetti contemporaneamente, facendo in modo che ognuno venga modificato in relazione al proprio punto fisso. In questo modo, è per esempio possibile ruotare di pochi gradi i singoli oggetti che fanno parte di una selezione estesa, facendo in modo che ognuno rimanga nella sua posizione. Questa operazione si effettua impartendo il comando *Oggetto > Trasforma > Trasforma ognuno*, dopo aver selezionato un insieme di oggetti.

 NOTA – La trasformazione multipla non è applicabile a gruppi di oggetti. In questi casi, comunque, verrà trasformato tutto il gruppo per intero. Per poter modificare i singoli oggetti è necessario separare il gruppo.

Fig 4.7 – Rotazione di più oggetti in contemporanea: si noti la maschera *Trasforma ognuno*.

 La trasformazione di più oggetti in contemporanea è una prerogativa di Illustrator CS3. FreeHand MX non è purtroppo dotato di tale funzione.

Trasformazione ad involucro

In FreeHand MX è possibile *convertire* un oggetto o un gruppo di oggetti in un involucro, che può essere modellato con un certo grado di libertà. Questa operazione si esegue con il comando *Elabora > Inviluppo > Crea*. I punti di controllo iniziali sono quattro, disposti a metà dei quattro lati dell'involucro, per aggiungerne altri si usa lo strumento *Bezier*.
In Illustrator CS3 esiste uno strumento molto simile, che si chiama *Distorsione involucro*. Per

attivarlo è necessario selezionare uno o più oggetti (ma anche gruppi) ed impartire il comando *Oggetto > Distorsione involucro > Crea con altera/trama*. A differenza di FreeHand MX esistono quindi due modalità di funzionamento:

Crea con Altera

Permette di distorcere gli oggetti usando una serie di deformazioni predefinite, come *arco*, *bandiera*, *onda*, solo per citarne alcuni. Gli stessi comandi possono essere applicati anche dal menu *Effetto > Altera*.

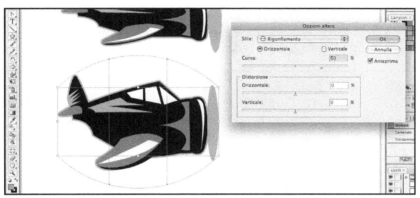

Fig. 4.8 – Esempio di trasformazione con il comando *altera*.

Crea con Trama

È una modalità simile a quella di FreeHand MX, ma sfrutta una tecnica molto più sofisticata. In pratica, i punti di controllo non sono disposti solo sul perimetro dell'involucro, ma formano invece una complessa trama che lo pervade tutto. In questo modo è possibile controllare con molta più accuratezza le deformazioni.

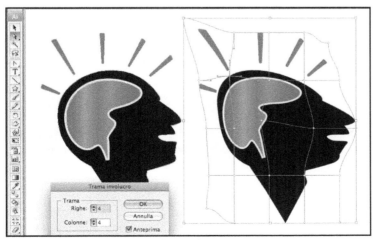

Fig 4.9 – Esempio di trasformazione con il comando *trama*.

Crea con oggetto di primo piano

Questa modalità è molto immediata e si basa sulla sovrapposizione di due oggetti. Procedi in questo modo:

» Crea un'oggetto della forma desiderata
» Mettilo su un livello superiore rispetto a quello/i che intendi deformare
» Seleziona entrambi gli oggetti, o l'oggetto e un gruppo sottostante
» Impartisci il comando *Oggetto > Distorsione involucro > Crea con oggetto di primo piano*

Al termine dell'operazione, gli oggetti sottostanti vengono deformati, cercando di collimare il più possibile con la forma dell'oggetto superiore.

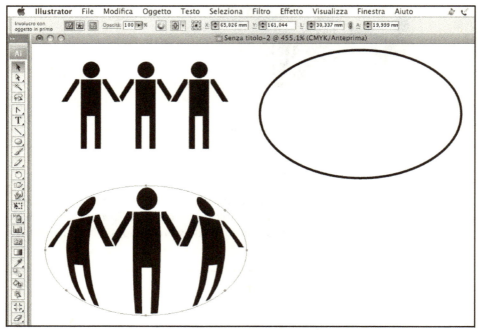

Fig 4.10 – Esempio di trasformazione con un oggetto in primo piano.

Opzioni dell'involucro

Sul risultato della deformazione è possibile influire anche a posteriori. Basta impartire il comando *Oggetto > Distorsione involucro > Opzioni involucro*. Da qui è possibile definire alcuni parametri:

» **Anti-alias**
  Nel caso in cui siano state deformate immagini bitmap, se l'opzione *Anti-alias* è deselezionata, la distorsione delle immagini raster richiede meno tempo, ma i bordi di queste appaiono più pixellizzati.

» Mantieni forma con
Permette di specificare in che modo le immagini bitmap conservano la propria forma quando vengono distorte usando un involucro non rettangolare. *Maschera di ritaglio* crea una maschera sull'immagine, mentre *Trasparenza* applica un vero e proprio *canale alfa*.

» Fedeltà
Imposta il livello di precisione con cui l'oggetto si adatta alla forma dell'involucro. Più è alto il valore, più punti vengono aggiunti, ma il tempo necessario per distorcere gli oggetti aumenta di conseguenza.

» Distorci aspetto
Estende la distorsione anche agli attributi di aspetto (effetti, stili di grafica, ecc).

» Distorci sfumatura lineare
Estende la distorsione anche alle eventuali sfumature lineari presenti nell'oggetto.

» Distorci pattern di riempimento
Estende la distorsione anche agli eventuali pattern presenti nell'oggetto.

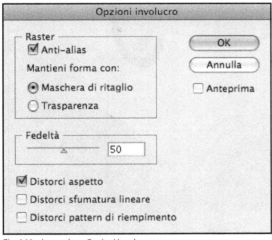

Fig. 4.11 – la maschera *Opzioni involucro*.

Modificare il contenuto di un involucro

Al pari di quanto avviene con le normali maschere è possibile modificare il contenuto di un involucro, nella sua forma originaria. È sufficiente impartire il comando *Oggetto > Distorsione involucro > Modifica involucro*. In questo modo siamo in grado di operare direttamente sulla forma di base.

Applicare in maniera definitiva una deformazione

In linea teorica un oggetto deformato con un involucro può rimanere tale per tutta la durata del progetto. Anzi, lasciarlo in questo stato ci da la possibilità di effettuare ulteriori modifiche all'involucro ed al suo contenuto. A volte può però essere necessario ottenere una *forma semplice* dall'involucro. Con il comando *Oggetto > Distorsione involucro > Espandi* si ottiene questo risultato: viene generata una forma semplice che riproduce fedelmente l'involucro creato. Da questo momento in poi però non è più possibile modificarlo come se fosse un involucro.

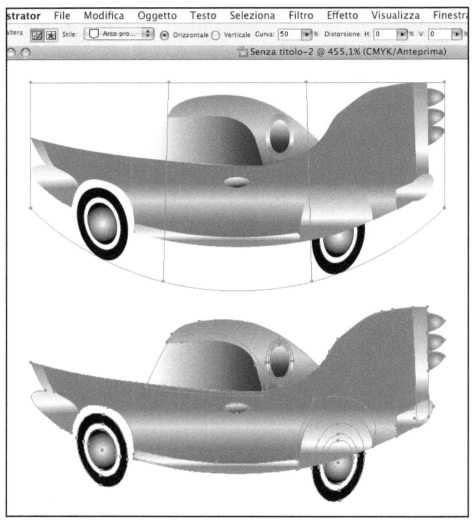

Fig. 4.12 Differenza tra un oggetto *involucro* (sopra) ed un oggetto *espanso* (sotto).

Combinazione di oggetti

Gli utenti di FreeHand MX usano in genere molto spesso i comandi di combinazione degli oggetti. Questi permettono di creare forme complesse, a partire da *primitive geometriche*, in pochi passaggi. Con cinque diversi comandi (*Interseca, Ritaglio interno, Dividi, Insieme*) si ottengono numerose forme complesse, grazie anche all'intuitività delle icone che rappresentano tali comandi.

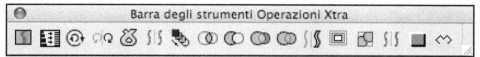

Fig 4.13 – I comandi di combinazione oggetti in FreeHand MX si trovano sulla finestra *Operazioni Xtra* e sono molto intuitivi.

Illustrator CS3 aggiunge numerosi comandi di combinazione rispetto a FreeHand MX. A dire il vero però, si fa un pò fatica a capirne in maniera immediata il funzionamento. Nelle pagine che seguono, affrontiamo tutti i metodi di combinazione, descrivendoli nei minimi particolari.

Metodi di combinazione

Gli oggetti possono essere combinati in svariati modi per creare forme diverse. Il risultato finale dipende dal tipo di combinazione che viene scelta. È possibile operare sia a livello di *forma*, sia a livello di *tracciato*.

Metodi di forma

I *Metodi di forma* permettono la combinazione di più oggetti, specificando in che modo ogni oggetto deve interagire con gli altri. I metodi forma sono più versatili rispetto ai tracciati composti ed offrono quattro diverse impostazioni: *addizione, sottrazione, intersezione* ed *esclusione*. La comodità di questa metodologia è che, in realtà, gli oggetti non vengono realmente modificati, ne viene solo elaborato l'aspetto. Per questo motivo, anche dopo aver creato una composizione, è sempre possibile modificare i singoli oggetti, facendo doppio clic sulla composizione.

Fig. 4.14 – Dettaglio dei *Metodi di forma*.

Elaborazione tracciati

L'*elaborazione dei tracciati* invece modifica in maniera sostanziale le forme, consentendo di usare un oggetto per forarne un altro. In questo caso i tracciati si comportano come oggetti raggruppati. Puoi quindi selezionare e manipolare separatamente gli oggetti con lo strumento *Selezione diretta* o *Selezione gruppo*.

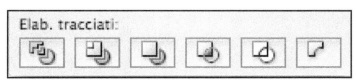

Fig. 4.15 – Dettaglio dei comandi di Elaborazione tracciati.

NOTA – La modalità *Elaborazione tracciati* usa lo stesso approccio degli strumenti di combinazione di FreeHand MX, ovvero, le forme vengono realmente modificate.

Più avanti nel testo parleremo anche degli *Effetti di Elaborazione tracciati*. Questi permettono di combinare più oggetti in base agli stessi metodi di interazione del pannello *Elaborazione tracciati*, ma a differenza di questo, non è possibile poi modificare le interazioni tra gli oggetti.

Il pannello Elaborazione tracciati

Tutti i comandi di combinazione degli oggetti si trovano in un unico pannello richiamabile da *Finestra > Elaborazione tracciati*. Questo pannello può essere raggruppato insieme agli altri, oppure può essere estratto e lasciato vicino all'area di lavoro, trascinandolo dall'etichetta *Elab. Trac.*

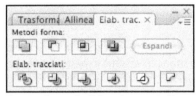

Fig 4.16 – Il pannello *Elaborazione tracciati* (ma non solo) può essere raggruppato insieme agli altri, oppure estratto.

Prima di andare avanti con la descrizione dei singoli comandi è bene dare un'occhiata al menu *Opzioni* del pannello. La prima che troviamo è *Abbondanza*. Questo è in realtà un comando che possiamo ritrovare anche nei menu del programma (*Effetto > Elaborazione tracciati > Abbondanza*). Per un grafico non dovrebbe essere difficile capire di cosa stiamo parlano. L'abbondanza è un *margine di sovrapposizione* tra due forme di colori diversi, una delle quali *buca* l'altra, che viene usata in particolari condizioni di stampa.

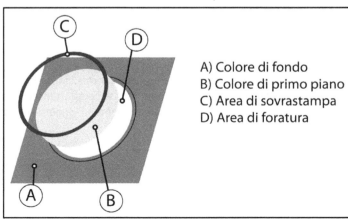

A) Colore di fondo
B) Colore di primo piano
C) Area di sovrastampa
D) Area di foratura

Fig 4.17 – Schema di applicazione dell'abbondanza.

L'opzione Abbondanza

L'opzione abbondanza può quindi essere usata indipendentemente dagli altri comandi di combinazione. Per far si che questa funzioni correttamente è necessario applicarla a due oggetti sovrapposti, di colore diverso. Dopo averli selezionati si impartisce quindi il comando *Abbondanza* dal menu del pannello *Elaborazione tracciati*.

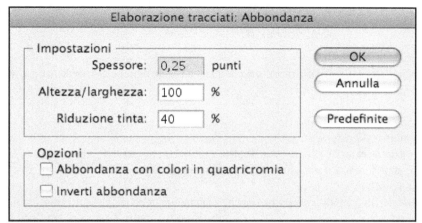

Fig 4.18 – La maschera delle impostazioni per l'abbondanza.

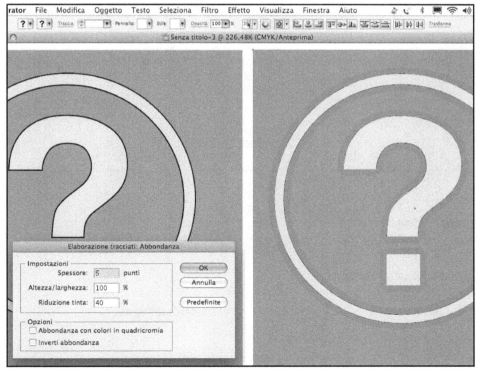

Fig 4.19 – Esempio di impostazione dell'abbondanza (immagine di destra) con valore di 5 punti.

NOTA - Il comando *Abbondanza* crea un'abbondanza per gli oggetti semplici identificando il disegno più chiaro (oggetto o sfondo) e sovrastampandolo nel disegno più scuro. L'unità di misura adottata è quella dei *Punti tipografici*. Puoi applicare il comando *Abbondanza* dal pannello *Elaborazione tracciati* o come effetto (*Effetto > Elaborazione tracciati > Abbondanza*). Il vantaggio dell'effetto è che puoi modificare le impostazioni dell'abbondanza in qualuque momento.

Opzioni elaborazioni tracciati

Il comando *Opzioni elaborazioni tracciati* conduce ad una maschera specifica dove è possibile attivare altre tre impostazioni:

» **Precisione**
Determina la precisione di calcolo del tracciato di un oggetto tramite i filtri di elaborazione tracciati. Più preciso è il calcolo, più accurato sarà il disegno e più tempo sarà necessario per generare il tracciato finale.

» **Elimina punti in eccedenza**
Quando usi un comando di *Elaborazione tracciati*, vengono rimossi tutti i punti non necessari.

» **Elimina grafica senza colorazione con Scomponi e Contorno**
Quando usi i comandi *Scomponi* e *Contorno*, vengono eliminati tutti gli oggetti senza riempimento dalla grafica selezionata.

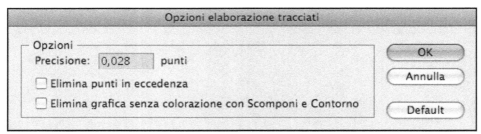

Fig 4.20 – La maschera *Opzioni elaborazione tracciati*.

Comandi Metodi di forma

Passiamo ora alla descrizione dei *metodi di forma*.

Aggiungi all'area della forma

Azione
Crea una forma complessa partendo dalle singole geometrie utilizzate.

Note
Il colore della forma risultante viene determinato dall'oggetto che si trova sul livello superiore.

Consigli per l'uso
Molto utile per creare forme articolate, come per esempio, le nuvole presenti nei fumetti.

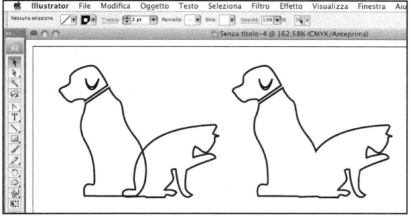

Fig. 4.21 – Esempio di utilizzo dello strumento *Aggiungi all'area della forma*.

Sottrai dall'area della forma

Azione
Crea un buco nell'oggetto inferiore corrispondente all'area di sovrapposizione tra due o più oggetti.

Note
Il colore della forma risultante viene determinato dall'oggetto bucato, ovvero quello che si trova sul livello inferiore.

Consigli per l'uso
Molto utile per svuotare rapidamente le forme, come per esempio la creazione di una ciambella.

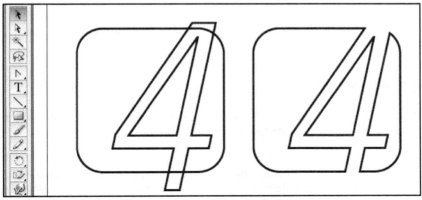

Fig. 4.22 – Esempio di utilizzo dello strumento *Sottrai dall'area della forma*.

Interseca le aree della forma

Azione
Permette di evidenziare l'area di sovrapposizione comune tra uno o più oggetti, eliminando tutte le parti eccedenti questa.

Note
Il colore della forma risultante viene determinato dall'oggetto che si trova sul livello superiore.

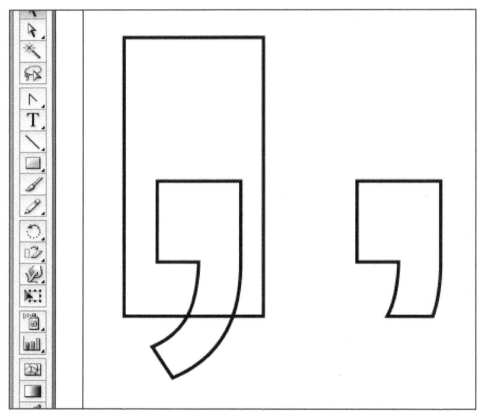

Fig. 4.23 – Esempio di utilizzo dello strumento *Interseca le aree della forma*.

Escludi le aree delle forme sovrapposte

Azione
Permette di evidenziare le aree inverse di sovrapposizione comune tra uno o più oggetti. Funziona all'opposto del comando *Interseca le aree della forma*.

Note
Questo comando deve necessariamente essere usato con forme dotate di riempimento, altrimenti i suoi effetti non sono visibili. Il colore della forma risultante viene determinato dall'oggetto che si trova sul livello superiore.

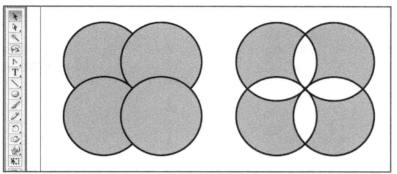

Fig. 4.24 – Esempio di utilizzo dello strumento *Escludi le aree delle forme sovrapposte.*

NOTA – Tutte le forme composte con i metodi forma possono poi essere trasformate ulteriormente in un singolo oggetto, facendo clic sul pulsante *Espandi* del pannello *Elaborazione tracciati*. In questo modo, però, si perde la possibilità di modificare i singoli oggetti, poiché questi scompaiono, unendosi in un unica forma.

Comandi elaborazione tracciati

Seguono ora i vari comandi di elaborazione dei tracciati. Questi possono essere applicati a qualsiasi combinazione di oggetti, gruppi e livelli, scegliendo il comando più opportuno. È però importante ricordare che, a differenza dei *metodi forma*, il risultato di questa operazione non preserva gli oggetti originali.

Scomponi

Azione

Divide una composizione in singoli oggetti, basandosi sulle sovrapposizioni della composizione.

Note

I colori di ogni oggetto vengono preservati.

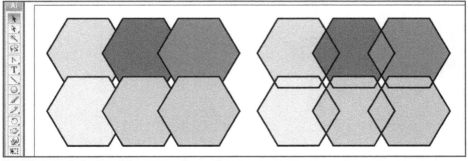

Fig. 4.25 – Esempio di utilizzo dello strumento *Scomponi.*

Togli

Azione

Ha un comportamento simile al metodo forma *Sottrai dall'area della forma*, ovvero crea un buco nell'oggetto inferiore corrispondente all'area di sovrapposizione tra due o più oggetti, senza però cancellare l'oggetto di primo piano.

Note

I colori di ogni oggetto vengono preservati.

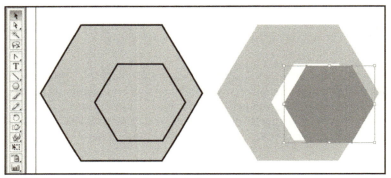

Fig. 4.26 – Esempio di utilizzo dello strumento *Togli*.

Combina

Azione

Ha un comportamento simile al metodo *Aggiungi all'area della* forma, ovvero crea una forma complessa partendo dalle singole geometrie utilizzate se queste hanno il medesimo colore. Diversamente, il risultato ottenuto è identico al comando *Togli*.

Note

I colori di ogni oggetto vengono preservati, ma viene perso il contorno.

Fig. 4.27 – Esempio di utilizzo dello strumento *Combina*.

Ritaglia

Azione

Ha un comportamento identico al metodo *Interseca le aree della forma*, ovvero permette di evidenziare l'area di sovrapposizione comune tra uno o più oggetti, eliminando tutte le parti eccedenti questa. Nella forma risultante vengono anche eliminati i contorni, qualora presenti negli oggetti precedenti.

Note

Il colore della forma risultante viene determinato dall'oggetto che si trova sul livello inferiore, ed il contorno viene eliminato.

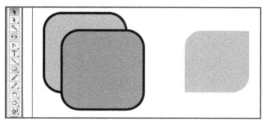

Fig. 4.28 – Esempio di utilizzo dello strumento *Ritaglia*.

Contorno

Azione

Svuota una composizione di tutti i colori di riempimento e la scompone nei segmenti di linea che la compongono.

Note

I tracciati risultanti ereditano il colore del riempimento posseduto prima dell'operazione, ma lo spessore globale viene impostato a 0 punti.

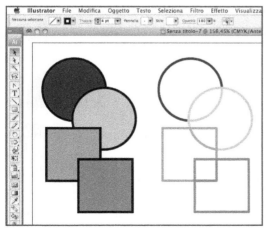

Fig. 4.29 – Esempio di utilizzo dello strumento *Contorno*. In questo caso, per mostrare l'effetto, lo spessore del contorno è stato riportato a 4 punti.

Sopra meno sotto

Azione

Ha un comportamento identico ma inverso rispetto al metodo *Sottrai dall'area di forma*. Nella composizione di due oggetti, quello superiore viene ritagliato da quello inferiore.

Note

A differenza di altri comandi, si usa solo con la combinazione di due oggetti. Qualunque altro oggetto selezionato viene scartato.

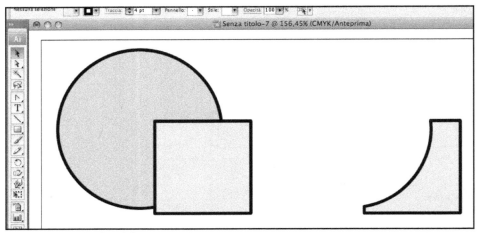

Fig. 4.30 – Esempio di utilizzo dello strumento *Sopra meno sotto*.

Mascherare gli oggetti

Gli utenti di FreeHand MX sono abituati da sempre all'accoppiata di comandi *copia – incolla dentro* per poter mascherare gli oggetti. Spesso, durante le discussioni nate attorno ai due software, si rimproverava ad Illustrator un approccio troppo complicato alla mascheratura degli oggetti. Nella versione CS3 non è cambiato molto da questo punto di vista, vale però la pena approfondire questi comandi, che se a prima vista possono risultare poco intuitivi, rivelano in seguito un grado di sofisticazione molto elevato.

Per creare una *maschera di ritaglio* procedi così:

» Crea l'oggetto che dovrà fungere da maschera di ritaglio, quello che in FreeHand MX è il contenitore.
» Crea poi l'oggetto da mascherare e lo posizioni su un livello inferiore rispetto al primo (*Oggetto > Ordina > Porta sotto*)
» Seleziona entrambi gli oggetti
» Impartisci il comando *Oggetto > Maschera di ritaglio > Crea*

Una volta creata la *maschera di ritaglio* è possibile spostare l'oggetto contenuto in essa usando lo strumento *Selezione diretta*. Bisogna però fare attenzione a dove e come si fa clic, poiché dal semplice spostamento è facile passare alla modifica del profilo dell'oggetto.

NOTA - A differenza di quanto accade in FreeHand MX, quando viene creata una maschera di ritaglio, il riempimento e il contorno dell'oggetto di primo piano vengono eliminati. Per questo motivo, spesso è consigliabile crearne una copia, posizionarlo su un livello inferiore, perfettamente coincidente con il primo, e poi trasformare quest'ultimo in maschera di ritaglio. In questo modo si ha l'illusione che gli attributi di riempimento e contorno siano preservati.

Modificare maschera e contenuto

Come abbiamo appena visto, per modificare il contenuto di una maschera di ritaglio si può ricorrere all'uso dello strumento *Selezione diretta*. Un modo più preciso per modificare sia la maschera sia il contenuto, consiste invece nell'utilizzo dei comandi *Modifica maschera di ritaglio* e *Modifica il contenuto*.

Il loro utilizzo è estremamente semplice: è sufficiente selezionare la maschera di ritaglio e fare clic su uno dei due comandi, per poter visualizzare (e modificare) alternativamente la maschera o il contenuto.

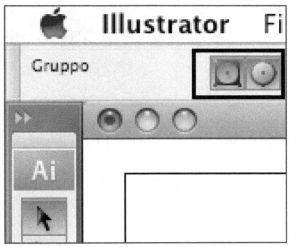

Fig. 4.31 – I comandi *Modifica maschera di ritaglio* e *Modifica il contenuto* appaiono nel momento in cui viene selezionato un oggetto mascherato.

Rilasciare una maschera

In FreeHand MX, per svuotare una maschera di ritaglio del suo contenuto si usa il comando *Taglia contenuto*. In Illustrator CS3 invece si seleziona la maschera di ritaglio e si impartisce il comando *Oggetto > Maschera di ritaglio > Rilascia*.

ATTENZIONE – Quando si rilascia una maschera di ritaglio, il colori di riempimento e contorno dell'oggetto di primo piano non vengono ripristinati.

Creare maschere complesse

Un altro metodo per gestire le maschere di ritaglio consiste nell'uso dei livelli. In un'illustrazione complessa gli elementi grafici sono normalmente disposti su più livelli. Per poter mascherare alcuni elementi si procede in questo modo:

> » Si crea una nuova forma, che fungerà da maschera
> » Si seleziona il suo livello nel pannello *Livelli*
> » Si trascina il livello verso l'alto, in modo che si trovi sopra tutti gli altri
> » Si evidenzia il livello principale e si fa clic sul comando *Crea/Rilascia maschera di ritaglio*

Il livello maschera appena creato appare diverso rispetto agli altri per due motivi: il colore originale dell'oggetto viene eliminato e diventa bianco; il nome del livello viene sottolineato. Da questo momento tutti gli oggetti sottostanti sono mascherati dalla forma del primo livello.

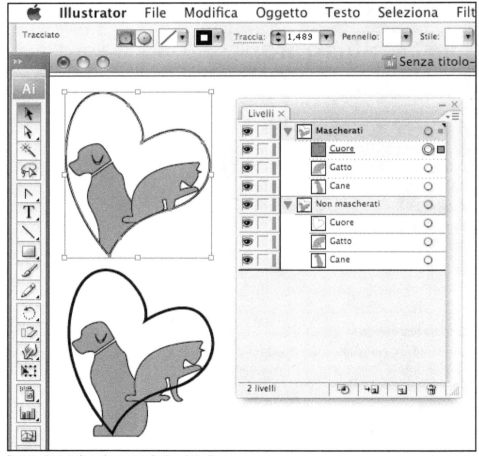

Fig. 4.32 – Esempio di mascheratura con l'utilizzo dei livelli.

I metodi di mascheratura di Illustrator CS3 sono molto sofisticati e permettono di ottenere complesse maschere di ritaglio. Purtroppo però risentono di una certa macchinosità che fa rimpiangere a volte l'immediatezza dell'accoppiata copia/incolla dentro di FreeHand.

Mascherare un'immagine

Oltre ai metodi già affrontati esiste un metodo di mascheratura per le immagini estremamente rapido. È sufficiente selezionare un immagine presente sull'area di lavoro, e poi fare clic sul pulsante *Maschera* che appare nella *barra di controllo*.

Viene creata una maschera delle medesime dimensioni dell'immagine; a questo punto possiamo ridimensionarla, deformarla o modellarla.

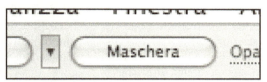

Fig. 4.33 – Dettaglio del pulsante *Maschera* nella *barra di controllo*.

» **Ridimensionamento**
Si ottiene trascinando i punti di ancoraggio perimetrali con lo strumento *Selezione*
» **Deformazione**
Si ottiene trascinando i punti di ancoraggio perimetrali con lo strumento *Selezione diretta*
» **Modellazione**
Si ottiene usando lo strumento *Aggiungi punto di ancoraggio* per aggiungere nuovi punti sulla maschera, che possono essere spostati con lo strumento *Selezione diretta*. È ovviamente possibile usare anche lo strumento *Converti punti di ancoraggio* per trasfomare i punti angolo in curve.

Fig 4.34 – L'immagine originale (a sinistra) e la stessa mascherata (a destra).

NOTA – Anche in questo caso possono essere usati i comandi *Modifica maschera di ritaglio* e *Modifica il contenuto* presenti nella *barra di controllo*.

Bloccare gli oggetti

Durante la preparazione di un progetto grafico complesso nasce spesso l'esigenza di *bloccare* alcune parti del disegno, per evitare di spostarle, o peggio, cancellarle erroneamente. In FreeHand MX si può bloccare e sbloccare qualunque elemento (*Elabora > Blocca/Sblocca*) selezionato.

In Illustrator CS3 è possibile bloccare gli oggetti in maniera più avanzata.

Bloccare una selezione

Il comando *Oggetto > Blocca > Selezione* è identico a quello di FreeHand MX, ovvero permette di bloccare qualunque oggetto selezionato. In questo modo, viene attivato il blocco nel livello specifico in cui giace l'oggetto selezionato. Per sbloccare nuovamente l'oggetto selezionato è quindi necessario aprire il pannello *Livelli*, identificare il livello desiderato, e disattivare l'opzioni *Blocca/sblocca* (l'icona che rappresenta un lucchetto).

ATTENZIONE – A differenza di FreeHand MX, se si blocca un oggetto con il comando *Oggetto > Blocca > Selezione*, non è possibile sbloccare nuovamente solo quell'oggetto usando i comandi di menu. In effetti, l'unico comando disponibile è *Oggetto > Sblocca tutto* che determina lo sblocco di qualunque oggetto bloccato.

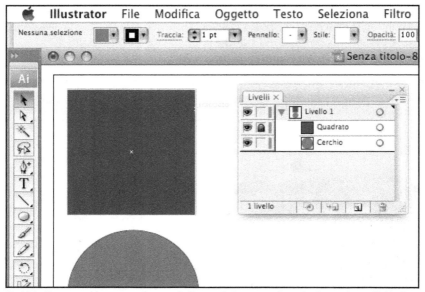

Fig 4.35 – Un oggetto bloccato con il comando *Blocca selezione*: notare l'icona *lucchetto* nel pannello *Livelli*.

Bloccare tutta la grafica sopra un livello

Il comando *Oggetto > Blocca > Tutta la grafica sopra* determina il blocco di tutti gli elementi che si trovano sul livello immediatamente superiore rispetto a quello in cui giace l'oggetto selezionato. Gli altri livelli superiori non vengono invece bloccati.

Bloccare tutti i livelli tranne uno

Il comando *Oggetto > Blocca > Altri livelli* lascia libero solo il livello selezionato, bloccando tutti gli altri presenti nel progetto.

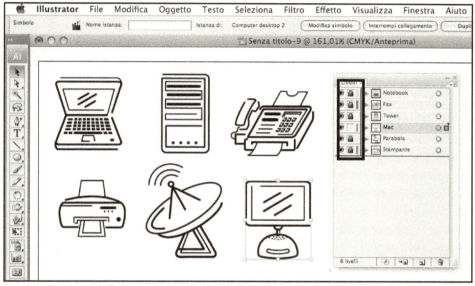

Fig 4.36 – Effetti del comando *Blocca > Altri livelli*. Tutti i livelli, a parte quello selezionato, vengono bloccati.

ATTENZIONE - Usando questo comando viene inibita la possibilità di sbloccare nuovamente i livelli con il comando *Sblocca tutto*. È quindi necessario procedere allo sblocco manuale dal pannello *Livelli*, oppure impartendo il comando *Sblocca tutti i livelli* presente sempre nel menu a comparsa del pannello *Livelli*.

5

Il colore

Questo capitolo è interamente dedicato al colore e a tutte le sue forme di applicazione in Illustrator CS3. Vedremo come il software gestisce i metodi di colore CMYK e RGB, come si creano e modificano i campioni di colore, ma anche come si applicano sfumature di base e complesse.

FreeHand MX: così fan tutti

I freehandisti sono abituati ad un ambiente di lavoro dove i colori vengono creati da zero, oppure inseriti da una delle varie librerie di colore presenti nel programma. In effetti, la maggior parte dei progetti grafici realizzati in FreeHand MX iniziano in uno di questi due modi:

» Creazione di campioni di colore, tramite l'uso del *Mixer di colori,* che poi vengono aggiunti alla libreria dei campioni con il comando *Aggiungi a campioni*
» Inserimento di campioni di colore dalle numerose librerie (per lo più *Pantone*) presenti nel software

Ci sono poi alcuni grafici che creano il colore direttamente nel *Mixer colori* e lo trascinano sugli oggetti presenti nell'area di lavoro. In questo modo si rende però poi necessario procedere con il comando *Xtra > Colori > Nomina tutti i colori*, per aggiungere i colori creati alla libreria che viene salvata insieme al documento. In tutti i casi, la creazione ed applicazione di colori in FreeHand MX è abbastanza elementare e lascia poco spazio agli errori.

I campioni predefiniti: un primo punto di partenza

Illustrator CS3 gestisce i colori in maniera più sofisticata, ma ancora una volta, questo approccio si scontra, perlomeno all'inizio, con la forma mentis degli utenti di FreeHand, abituati ad ottenere molto rapidamente ciò che vogliono dal loro software.

Un metodo per iniziare i propri progetti consiste quindi nell'utilizzare i *campioni predefiniti* che Illustrator CS3 (a differenza di FreeHand MX) mette a disposizione dell'utente. Appena si crea un nuovo documento il pannello *Campioni* contiene già numerosi colori, alcune *sfumature*, *pattern* e *gruppi colore*. I campioni posso essere usati indistintamente per i *riempimenti* e i *contorni* di qualunque forma; l'attribuzione di un campione ad un oggetto può inoltre essere compiuta in diversi modi.

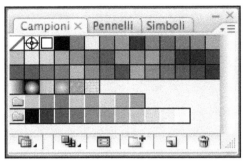

Fig 5.1 – Il pannello *Campioni* di Illustrator CS3.

Impostare il colore di un oggetto dalla barra di controllo

Uno dei metodi più immediati per attribuire un colore di riempimento ad un oggetto è reso possibile dalla *barra di controllo*. All'estrema sinistra di questa sono infatti presenti due piccoli menu a comparsa, uno per il riempimento e l'altro per il contorno di un oggetto, che mostrano i *Campioni* del documento. Per applicare il colore procedi così:

    » Seleziona l'oggetto a cui vuoi attribuire il colore
    » Apri il menu a comparsa (*riempimento* o *contorno*) nella *barra di controllo*
    » Fai clic sul colore prescelto.

Se vuoi invece annullare l'attributo colore di un oggetto, fai clic sulla casella *Nessuno* del menu appena descritto.

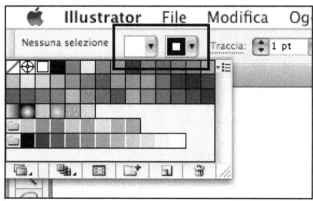

Fig 5.2 – Dettaglio dei menu a comparsa per la scelta dei colori.

Impostare il colore dal pannello Campioni

Un altro metodo è quello di scegliere i colori direttamente dal pannello *Campioni*. In questo caso però è necessario un piccolo passaggio in più, perché bisogna definire se si intende modificare il *riempimento* o il *contorno* di un oggetto. Questa scelta può essere operata sia dal pannello *Colore*, sia dalle caselle di scelta colore presenti in fondo alla *barra degli strumenti*. Procedi così:

> » Seleziona l'oggetto a cui vuoi attribuire il colore
> » Fai clic nella casella prescelta (*Riempimento* o *Traccia*) dal pannello *Colore* o dalle caselle di scelta della barra strumenti (questa viene messa in primo piano rispetto all'altra)
> » Fai clic sul colore prescelto nel pannello *Campioni*

 NOTA – Un ulteriore metodo consiste nel trascinare il colore prescelto dal pannello *Campioni* direttamente sull'oggetto. Quest'ultimo può essere indifferentemente selezionato oppure no. Bisogna però fare attenzione ad una cosa: se nel pannello *Colore* è impostato il contorno come attributo, qualunque tentativo di trascinamento dei colori, anche nel centro dell'oggetto, produrrà comunque sempre e solo la modifica del contorno. In questo caso bisogna quindi prima scegliere l'attributo *Riempimento* dal pannello *Colore*.

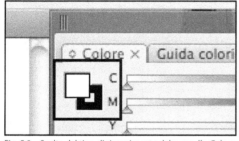

Fig. 5.3 – Scelta del tipo di riempimento dal pannello *Colore*.

Modificare il colore di un oggetto

Dopo aver attribuito un particolare colore ad un oggetto è possibile modificarlo in diversi modi. In primo luogo è necessario decidere se si vuole modificare anche il *campione* originale, oppure se si vuole modificare solo il colore sull'oggetto.

Modificare il colore dal campione

Per modificare il colore di un oggetto a partire dal suo campione si procede in questo modo:

> » Seleziona l'oggetto di cui vuoi modificare il colore
> » Scegli se vuoi modificare il *riempimento* o il *contorno*, dal pannello *Colore*
> » Fai doppio clic sul colore che vuoi modificare nel pannello *Campioni*
> » Modifica il colore usando gli *slider* nella maschera *Opzioni campione*

Confermando con OK l'operazione, viene modificato il colore nel pannello *Campioni* e lo stesso nell'oggetto. Se durante la modifica del colore fai clic sull'opzione *Anteprima,* anche il colore dell'oggetto mostra le modifiche che stai apportando.

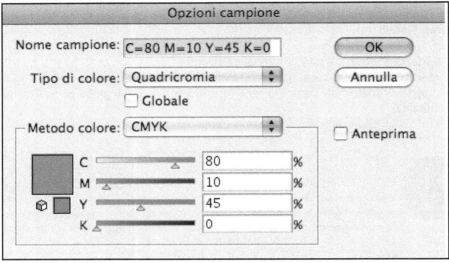

Fig 5.4 – La maschera *Opzioni campione* per la modifica di un colore.

Modificare il colore direttamente sull'oggetto

Per modificare invece il colore di un oggetto senza alterare il campione originale procedi in questo modo:

» Seleziona l'oggetto di cui vuoi modificare il colore
» Apri il pannello *Colore* (*Finestra > Colore*)
» Scegli se vuoi modificare il *riempimento* o il *contorno,* dal pannello *Colore*
» Modifica il colore usando gli *slider*

ATTENZIONE – Questa modalità di cambio colore è simile a ciò che avviene in FreeHand MX quando si crea un colore dal *Mixer* e lo si trascina direttamente sopra un oggetto. Il colore viene si applicato, ma non figura nella libreria dei campioni. È perciò necessario in seguito impartire il comando *Aggiungi colori usati* dal menu a comparsa del pannello *Campioni*.

Tipologie di colore in Illustrator CS3

Finora abbiamo osservato come è possibile utilizzare i colori predefiniti nel pannello *Campioni* e come è possibile modificarli. Nelle prossime righe vedremo come si creano i campioni in Illustrator CS3, e soprattutto quanti diversi tipi ne esistono. Molti di questi sono uguali in FreeHand MX, ma alcuni (come i *gruppi di colori*) sono specifici di Illustrator.

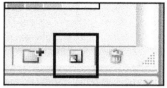

Fig 5.5 – Dettaglio del comando per la creazione di un nuovo campione.

 NOTA – Il pannello *Colore* offre una modalità di visualizzazione dei colori molto utile. Mentre si spostano gli *slider* per la creazione di un colore, oltre alle normali percentuali, viene mostrata l'anteprima di ogni colore, in relazione alla percentuale.

Colori in quadricromia

I campioni colore in quadricromia nascono dalla combinazione dei quattro inchiostri di base della stampa offset, ovvero *ciano, magenta, giallo* e *nero* (CMYK). Come impostazione predefinita tutti i nuovi campioni che vengono creati sono sempre in quadricromia. Per creare un colore in quadricromia si procede così:

» Apri il pannello *Campioni*
» Fai clic sul pulsante *Nuovo campione*
» Scegli il *tipo di colore* Quadricromia
» Scegli il *metodo colore* CMYK
» Regola gli *slider* secondo necessità
» Inserisci il nome nella casella *Nome campione*
» Fai clic su OK

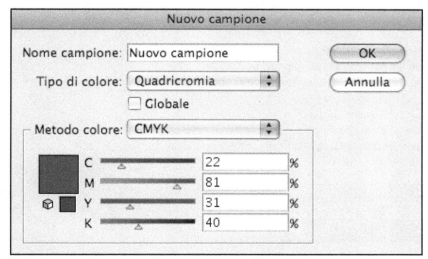

Fig. 5.6 – La maschera *Nuovo campione* è la stessa che si usa per modificare un campione.

ATTENZIONE – Nel caso in cui si stia lavorando su un documento per il Web, creando colori per elementi grafici di un sito, è necessario fare clic sull'icona *Avvertenza colore fuori spettro Web* (icona a forma di cubo) dopo aver creato il colore. In questo modo, il colore viene modificato in uno simile ma utilizzabile nello spettro di colori per il Web. Se invece si creano dei colori con metodo RGB che non possono essere riprodotti in CMYK viene visualizzata l'*Avvertenza fuori gamma* (un triangolo con un punto esclamativo dentro). È quindi necessario fare clic su quest'icona per riportare il colore entro la gamma riproducibile in CMYK.

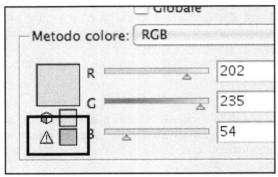

Fig 5.7 – L'Avvertenza fuori gamma viene visualizzata quando un colore RGB non può essere rappresentato in CMYK.

Colori globali in quadricromia

I *colori globali* si comportano in maniera identica ai normali *campioni* presenti nella libreria di FreeHand MX. Se un colore globale viene modificato, tutti gli oggetti su cui è stato applicato cambieranno di conseguenza. Le *tinte piatte* sono sempre colori globali, mentre i colori CMYK possono essere *globali* o *locali*. Un colore globale viene identificato da un piccolo triangolino bianco nell'angolo inferiore della sua casella, nel pannello *Campioni*. Per creare un colore globale in quadricromia si procede così:

» Apri il pannello *Campioni*
» Fai clic sul pulsante *Nuovo campione*
» Scegli il *tipo di colore* Quadricromia
» Scegli il *metodo colore* CMYK
» Fai clic sull'opzione *Globale*
» Regola gli *slider* secondo necessità
» Inserisci il nome nella casella *Nome campione*
» Fai clic su OK

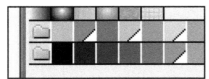

Fig 5.8 – Identificazione dei colori globali nel pannello *Campioni*.

///

In FreeHand MX, qualunque colore registrato nei campioni del documento è automaticamente globale. In Illustrator CS3 bisogna invece definire sin da subito quali colori saranno globali e quali no. Se non si procede subito con questa scelta è facile ritrovarsi poi in difficoltà, quando si vuole cambiare in contemporanea il colore attribuito a numerosi oggetti. Di certo, questa possibilità di scelta apre orizzonti nuovi nella gestione dei colori su documenti complessi, ma se non ci si pone la dovuta attenzione può trasformarsi rapidamente in un problema.

Tinte piatte

Le *tinte piatte* corrispondono ai *colori singoli* di FreeHand MX. In fase di output i colori a tinta piatta non vengono inclusi nella quadricromia, e permettono quindi di stampare uno o più colori aggiuntivi rispetto a questa. Le tinte piatte possono essere colori standard delle librerie *Pantone*, ma anche personalizzati. Nel pannello *Campioni* sono identificate da un piccolo pallino nero, posto dentro un triangolo bianco (lo stesso dei *colori globali*). Per creare una tinta piatta si procede così:

» Apri il pannello *Campioni*
» Fai clic sul pulsante *Nuovo campione*
» Scegli il *tipo di colore* Tinta piatta
» Scegli il *metodo colore* CMYK
» Regola gli *slider* secondo necessità
» Inserisci il nome nella casella *Nome campione*
» Fai clic su OK

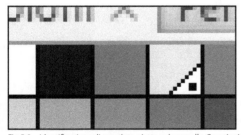

Fig 5.9 – Identificazione di una tinta piatta nel pannello *Campioni*.

I colori Pantone

Oltre ai normali tipi di colori, Illustrator CS3 supporta ovviamente anche le librerie standard di colore, quali: *PANTONE, FOCOLTONE, DIC, TOYO, HKS, Trumatch* e *Web*. Per poter accedere a tali biblioteche si procede impartisce il comando *Finestra > Biblioteche di campioni > Guide colori*. Da qui è possibile scegliere la libreria desiderata, che viene aperta su un pannello indipendente. I campioni presenti nel pannello possono essere modificati e riorganizzati come i normali campioni colore.

//

In FreeHand MX i colori Pantone vengono elencati nel pannello Campioni e devono essere aggiunti al progetto uno alla volta o in gruppi. In Illustrator CS3 invece hanno un proprio pannello indipendente. Questo rende molto più facile gestire i colori Pantone.

Sfumature

Le sfumature corrispondono a passaggi progressivi tra due o più colori. Le sfumature, possono essere create indistintamente con colori CMYK, RGB e tinte piatte. In FreeHand MX le sfumature possono essere create in maniera molto veloce trasformando il *riempimento* di un oggetto selezionato in *sfumatura* dal pannello *Oggetti*. Il metodo di creazione della sfumatura è poi molto simile ad Illustrator CS3.

La cosa assai diversa tra i due software è che la *sfumatura* in Illustrator CS3 viene vista come *campione*. In pratica è una tipologia di colore che fa parte della libreria dei *campioni* al pari di qualunque altro colore CMYK, RGB tinta piatta o pattern.

Fig 5.10 – Il pannello *Sfumatura*.

Creazione di un campione Sfumatura

» Deseleziona tutti gli oggetti del documento
» Apri il pannello *Sfumatura* (*Finestra > Sfumatura*)
» Scegli il tipo di sfumatura (*Lineare* o *Radiale*) dal menu a comparsa del pannello
» Definisci l'andamento della sfumatura spostando i due *Cursori sfumatura* presenti (se vuoi creare una sfumatura che passi per più di due colori fai clic sotto il rettangolo sfumato dove desideri inserire il nuovo punto di sfumatura)
» Ora devi definire i colori dei vari cursori creati: fai clic su ogni cursore e poi fai Alt + clic sul colore che vuoi assegnare al cursore, scegliendolo dal pannello *Campioni*
» A questo punto è necessario creare un *campione sfumatura*: fai clic sul comando *Nuovo campione* presente nella parte bassa del pannello *Campioni*.
» Assegna un nome al *campione sfumatura* che stai creando e conferma con *OK*.

Fig. 5.11 – Dettaglio di campioni sfumatura.

NOTA – Per scegliere più rapidamente i colori dei vari punti sfumatura è possibile trascinarli dal pannello *Campioni* direttamente sotto il rettangolo sfumato

Al termine di questa operazione la sfumatura creata appare come *campione* nel pannello *Campioni*. Da questo momento può essere applicata a qualunque oggetto, allo stesso modo dei campioni colore.

ATTENZIONE - Se si omette invece l'ultimo passaggio (creazione di un nuovo campione) è bene applicare immediatamente la sfumatura creata ad un oggetto, trascinandola dalla casella *Riempimento sfumato* sopra quest'ultimo, altrimenti con il susseguirsi delle operazioni è possibile che venga persa. Per fare in modo poi che una sfumatura attribuita direttamente ad un oggetto venga anche elencata tra i campioni, è necessario impartire il comando *Aggiungi colori usati* dal menu del pannello *Campioni*.

Modificare un campione sfumatura

Per modificare un campione sfumatura si procede in questo modo:

» Deseleziona tutti gli oggetti del documento
» Seleziona il campione *sfumatura* prescelto dal pannello *campioni*
» Modifica la sfumatura a piacimento dal pannello *Sfumatura*
» Quando hai terminato trascina la nuova sfumatura dalla casella *Riempimento sfumato* sopra la sfumatura originale nel pannello *Campioni*, tenendo premuto il tasto *Alt*.

NOTA - Per modificare il punto medio nella sfumature tra due colori, è necessario spostare il *rombo* situato a metà tra questi sopra la casella *Riempimento sfumato*, in un'altra posizione.

Creazione di una sfumatura multidirezionale

In FreeHand MX i riempimenti sfumati possono essere di 6 tipi diversi (*Semplice, Radiale, Contorno, Logaritmico, Rettangolo, Cono*). Ognuno di questo produce un effetto diverso quando viene applicato ad un oggetto. Nel pannello *Sfumatura* di Illustrator CS3, invece sono presenti solo due modalità di riempimento: *Lineare* (corrispondente a *Semplice* in FreeHand MX) e *Radiale*. A prima vista sembrano poche rispetto a FreeHand, in realtà il software è dotato di un potente strumento per la gestione di sfumature *multidirezionali* che lo pone ad un livello molto più elevato.

Fig 5.12 – Confronto tra i metodi di sfumatura: FreeHand MX a sinistra, Illustrator CS3 a destra.

Creare una sfumatura multidirezionale con lo strumento Trama

Lo strumento *Trama* permette di applicare una sfumatura avanzata ad un singolo oggetto i cui i colori possono evolversi in direzioni diverse e con passaggi graduali tra i vari punti. In questo modo è possibile controllare con precisione le sfumature dell'oggetto. Per applicare una sfumatura multidirezionale ad un oggetto si procede così:

» Scegli lo strumento *Trama*
» Scegli un colore di riempimento iniziale dal pannello *Campioni*
» Fai clic su un qualsiasi punto dell'oggetto che vuoi modificare (viene creata la trama, con il minor numero possibile di linee)
» Trascina gli ulteriori colori dal pannello *Campioni* all'interno delle singole zone della trama creata
» Usa i *punti di ancoraggio* della trama per modificare la sfumatura a piacimento

NOTA – Se si vuole aggiungere un altro punto trama senza modificare il colore dell'attuale sfumatura è necessario fare clic nell'area prescelta tenendo premuto il tasto *Maiuscole*.

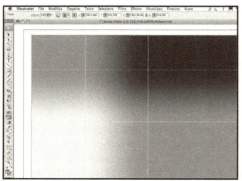

Fig. 5.13 – Creazione di una sfumatura multidirezionale con lo strumento *Trama*.

///

Lo strumento Trama offre una rosa di possibilità assolutamente ineguagliabile. Questo strumento lascia inevitabilmente FreeHand MX "al palo", nonostante i 6 metodi di sfumatura di cui dispone.

Creare una sfumatura multidirezionale con il comando Trama sfumata

Per definire sin dall'inizio come sarà suddivisa la trama è possibile usare il comando *Oggetto > Crea trama sfumata.*

» Seleziona l'oggetto che vuoi modificare e impartisci il comando *Oggetto > Crea trama sfumata*
» Regola le impostazioni della trama secondo necessità
» Fai clic su OK

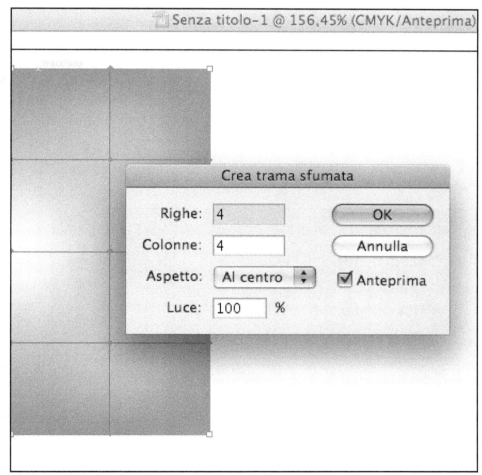

Fig 5.14 – La maschera dello strumento *Crea trama sfumata.*

Le opzioni impostabili dalla maschera determinano come la trama verrà creata:

> **Righe e colonne**
> Due valori numerici che determinano il numero di righe e colonne da cui verrà composta la trama
> **Piatto**
> Crea una trama di colore uniforme, usando quello già presente nell'oggetto
> **Al centro**
> Crea una trama sfumata, posizionando una zona di luce (colore bianco) al centro dell'oggetto
> **Al bordo**
> Crea una trama sfumata con i bordi bianchi
> **Luce**
> Imposta un valore percentuale corrispondente all'intensità del bianco, nei casi *Al centro* e *Al bordo*

Convertire la sfumatura standard di un oggetto in trama sfumata

Se dopo aver applicato una sfumatura standard ad un oggetto si manifesta la necessità di convertirla in *trama sfumata* bastano pochi passaggi:

> Seleziona l'oggetto e impartisci il comando *Oggetto > Espandi*
> Nella maschera *Espandi* seleziona *Trama sfumata*
> Fai clic su OK

L'oggetto viene convertito in un oggetto con trama che assume la forma della sfumatura iniziale, (*lineare* o *radiale*). A questo punto può essere modificato con gli stessi criteri già visti.

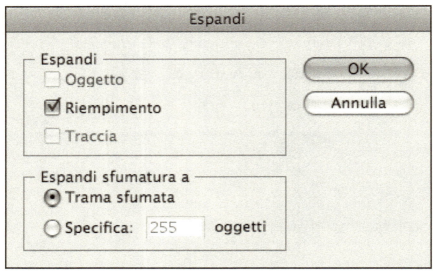

Fig. 5.15 – La maschera *Espandi*.

Modificare la trama di un oggetto

La trama di un oggetto si basa fondamentalmente sull'utilizzo delle *curve di bezier* che vengono già applicate ai tracciati curvilinei creati per esempio con lo strumento *Penna*. Nella Tabella 5.1 sono indicate quindi le operazioni principali che è possibile eseguire su un oggetto con trama sfumata.

Intento	Operazioni
Aggiungere un punto alla trama	Si esegue in tre passi: 1)Seleziona lo strumento *Trama* 2) Seleziona il colore di riempimento desiderato dal pannello *Campioni* 3) Fai clic nel punto prescelto dell'oggetto con trama
Eliminare un punto dalla trama	Fai Alt + clic sul punto che vuoi rimuovere con lo strumento *Trama*
Spostare un punto dalla trama	Clic + trascina sul punto trama con lo strumento *Trama* o *Selezione diretta*. Se desideri che il punto si muova lungo la curva della trama, tieni premuto il tasto *Maiusc*
Modificare la curva di un punto	Si esegue in due passi: 1) Fai clic sul punto intermedio della curva con lo strumento *Trama* o *Selezione diretta* 2) Trascina le maniglie di modifica che appaiono intorno al punto di ancoraggio
Cambiare il colore di un punto o di un'area	Si esegue in due modi diversi: - Seleziona l'oggetto e trascina un colore dal pannello *Campioni* sul punto o area interessati - Deseleziona tutti gli oggetti e scegli un colore di riempimento dal pannello *Campioni*. Seleziona l'oggetto con trama e usa lo strumento *Contagocce* per applicare il colore ai punti o aree.

Tabella 5.1 – Metodi di modifica della trama di un oggetto.

Pattern

I pattern sono una modalità di colore che si basa sulla ripetizione orizzontale e verticale di elementi di grafica. In FreeHand MX i pattern sono assimilabili al riempimento a *mosaico* e al tratto *pennello*. Entrambi vengono impostati dal pannello *Oggetto*. Anche i pattern di Illustrator CS3 sono di due tipi: *pattern di riempimento* e *pattern pennello*.

NOTA - Per ottenere risultati ottimali è bene usare correttamente i pattern di riempimento per gli oggetti e i pattern pennello per i contorni di questi.

Fig 5.16 – Il riempimento *a mosaico* ed il tratto *pennello* di FreeHand MX.

Creare un pattern di riempimento

Per poter applicare efficacemente i pattern è necessario che questi siano creati come *campioni*. Si procede in questo modo:

> » Crea un disegno di fantasia che intendi usare come modulo ripetitivo
> » Seleziona l'intero disegno con lo strumento *Selezione*
> » Impartisci il comando *Modifica > Definisci pattern*
> » Immetti il nome del pattern nella maschera *Nuovo campione*
> » Fai clic su OK

NOTA – Volendo è possibile trascinare il disegno appena creato direttamente nella pannello *Campioni*. Bisogna però poi modificarne il nome con il comando *Opzioni campioni*.

Il pattern viene quindi visualizzato nel pannello *Campioni* e può essere liberamente applicato agli oggetti come qualunque altro colore o sfumatura.

Fig. 5.17 – Il pannello *Campioni*: i pattern sono miniature del disegno originale.

 NOTA – Quando si crea un pattern dal disegno, questo viene ripetuto tenendo conto della reale estensione degli elementi grafici che lo compongono. Se desideri aumentare la spaziatura tra i moduli che si ripetono, crea un riquadro di delimitazione attorno al disegno originale, prima di convertirlo in pattern. Ricordati inoltre che questo riquadro non deve avere attributi di riempimento ne di colore.

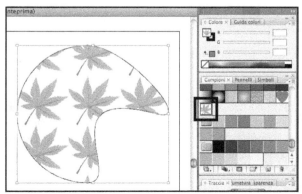

Fig 5.18 – Esempio di applicazione dei pattern.

Modificare un pattern di riempimento

Quando un oggetto con riempimento *pattern* viene spostato, ridimensionato o modificato in genere, le modifiche non si estendono anche al pattern dell'oggetto, che rimane immutato. Per fare in modo che questo venga altrettanto influenzato è necessario attivare l'opzione *Trasforma entrambi* dal menu del pannello *Trasforma*. Nel caso in cui venga utilizzato uno dei vari strumenti di trasformazione presenti nella barra degli strumenti è necessario fare doppio clic sullo strumento prima di usarlo, attivando l'opzione *Pattern*.

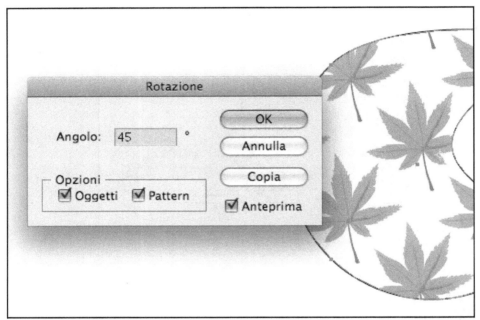

Fig 5.19 – Esempio di trasformazione: nella maschera dello strumento deve essere attivata l'opzione *Pattern* se si desidera che il pattern venga ruotato insieme all'oggetto.

NOTA – Per spostare il pattern di riempimento rispetto all'oggetto che lo contiene fai clic + trascina nel punto centrale dell'oggetto tenendo premuto il tasto ">".

Pennelli

I pennelli permettono di aggiungere un particolare stile ai contorni degli oggetti. Esistono quattro tipi di pennelli in Illustrator CS3: *calligrafici, diffusione, artistici* e *pattern*. I pennelli *calligrafici* simulano l'effetto di una penna calligrafica. I pennelli a *diffusione* replicano invece più copie dello stesso oggetto lungo un tracciato. I pennelli *artistici* deformano una forma fino a farle coprire la lunghezza totale del tracciato a cui vengono applicati. I pennelli *pattern* invece ripetono un modulo creato, deformandolo per far si che segua anche le curve del tracciato.

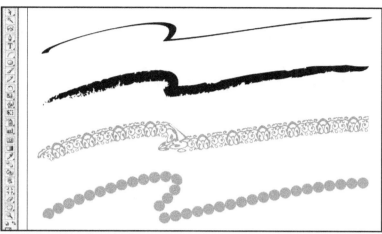

Fig. 5.20 – Pennelli a confronto dall'alto verso il basso: *Calligrafico, Artistico, Diffusione, Pattern.*

Creare un pennello pattern

Per poter applicare efficacemente i pattern è necessario che questi siano creati come *campioni*. Si procede in questo modo:

» Crea un disegno di fantasia che intendi usare come modulo ripetitivo
» Seleziona l'intero disegno con lo strumento *Selezione*
» Fai clic sul comando *Nuovo pennello* nel pannello *Pennelli.*
» Scegli *Nuovo pennello pattern* dalla maschera *Nuovo pennello* e fa clic su *OK.*
» Inserisci il nome del pennello nella maschera *Opzioni pennello pattern* e fai clic su OK
» Immetti il nome del pattern nella maschera *Nuovo campione* e fai clic su OK

Al termine delle operazioni viene mostrata una piccola miniatura del pennello appena creato nel pannello *Pennelli*. Ora può essere usato come tipo di contorno per qualunque oggetto.

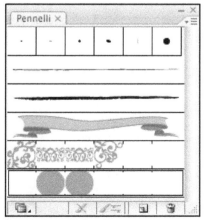

Fig. 5.21 – Il pannello *Pennelli.*

Opzioni del pennello pattern

Durante la creazione di un pennello pattern si passa per la maschera *Opzioni pennello pattern*. Qui è possibile definire molti parametri, che determinano il comportamento del disegno di base, quando viene usato sul contorno di un oggetto o su un tracciato. Nella Tabella 5.2 sono elencate tutte le impostazioni possibili.

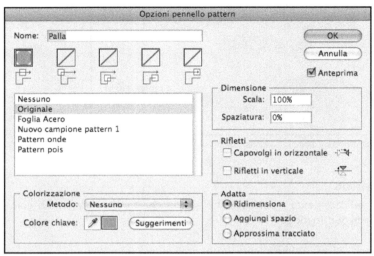

Fig 5.22 – La maschera *Opzioni pennello pattern*.

Opzione	Risultati
Pulsanti Porzione	Permettono di definire pattern diversi a seconda delle parti di un tracciato. Molto utile per creare pennelli complessi come quello rappresentato in Fig. 5.23
Scala	Modifica le dimensioni delle porzioni replicate rispetto a quelle originali
Spaziatura	Determina lo spazio percentuale tra un disegno ed il prossimo.
Capovolgi in orizzontale o in verticale	Modifica l'orientamento del disegno durante la sua evoluzione su un contorno
Ridimensiona	Varia la lunghezza del disegno in base all'oggetto. Può risultare in disegni di lunghezze diverse
Aggiungi spazio	Aggiunge uno spazio tra i vari disegni in modo proporzionale.
Approssima tracciato	Deforma i disegni cercando di seguire più precisamente il contorno su cui si evolvono
Colorizzazione	Specifica in che modo i colori del disegno debbano mutare quando sono sovrapposti ad altre tinte. È possibile specificare quattro varianti: *nessuno*, *tinte*, *tinte e tonalità*, *scostamento tonalità*

Tabella 5.2 – Opzioni del pennello *Pattern*.

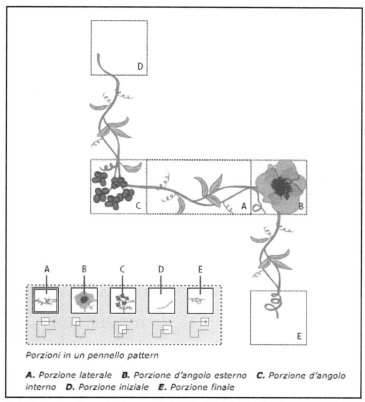

Porzioni in un pennello pattern

A. Porzione laterale   **B.** Porzione d'angolo esterno   **C.** Porzione d'angolo interno   **D.** Porzione iniziale   **E.** Porzione finale

Fig. 5.23 – Creazione di pennelli pattern complessi con l'opzione *Pulsanti porzione* (immagine tratta dalla guida in linea di Illustrator CS3).

Modificare un pennello

I pennelli possono essere modificati molto semplicemente. Per modificare il disegno usato da un pennello pattern, si fa così:

> » Apri il pannello *Pennelli* (*Finestra > Pennelli*)
> » Trascina il pennello desiderato dal pannello *Pennelli* direttamente sul documento
> » Modifica il disegno a piacimento
> » Seleziona tutto il disegno
> » Trascinalo nuovamente nel pannello *Pennelli* sopra il pennello originale, tenendo premuto il tasto *Alt* durante il trascinamento.
> » Nella maschera *Opzioni pennello pattern* fai clic su *OK*

NOTA - Se si vogliono modificare le opzioni di un pennello è sufficiente fare doppio clic sulla sua miniatura nel pannello *Pennelli*, modificandolo nella maschera *Opzioni pennello*. Quando si conferma con OK, se nel documento sono presenti tracciati che già contengono il pennello, viene visualizzato un messaggio di scelta, per modificarli con il nuovo disegno o lasciarli invariati.

Gruppi di colori

I gruppi di colori sono una prerogativa di Illustrator CS3. In pratica è possibile creare sottogruppi nel pannello *Campioni* che contengono solo alcune tinte (quadricromia, tinte piatte o colori globali quadricromia).

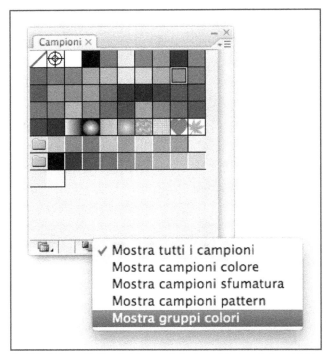

Fig. 5.24 – Nel pannello *Campioni* si possono isolare i gruppi di colore selezionandoli dal menu a comparsa *Mostra tipi di campioni*.

Aggiungere campioni esistenti ad un nuovo gruppo di colori

Per aggiungere campioni già esistenti nel documento ad un nuovo gruppo di colori si procede in questo modo:

» Seleziona i campioni che ti interessano dal pannello *Campioni*
» Fai clic sul comando *Nuovo gruppo colori* del pannello *Campioni*
» Inserisci il nome del gruppo nella maschera *Nuovo gruppo colori* e fai clic su *OK*

Il nuovo gruppo di colori viene visualizzato nel pannello *Campioni*.

NOTA – In fase di scelta dei colori si usa il tasto Maiuscole per selezionare colori contigui, oppure il tasto Comando (Ctrl su Windows) per selezionare colori non contigui. È importante ricordare che *Pattern*, *Sfumature*, colori *Nessuno* e colori *Registro*, non possono essere inclusi in un gruppo di colori.

Aggiungere nuovi campioni ad un gruppo di colori

Per aggiungere nuovi campioni ad un gruppo di colori si procede in questo modo:

» Fai clic sull'icona del gruppo prescelto (la cartellina) nel pannello *Campioni*
» Fai clic sul comando *Nuovo campione* del pannello *Campioni*
» Imposta il colore nella maschera *Nuovo campione*
» Fai clic su OK

Il nuovo colore viene aggiunto automaticamente al gruppo selezionato.

Campioni Registro e Nessuno

Il campione *Registro* è un campione di *sistema* ed è composto da una quadricromia piena, ovvero, i singoli colori che lo compongono (ciano, magenta, giallo, nero) sono tutti al 100%. In questo modo, qualunque oggetto o contorno che usi questo colore, viene trasferito su ogni *selezione colore* di una stampante *Postscript*, come per esempio le *fotounità* (per la produzione di pellicole) e i *CTP* (Computer to Plate). Nel pannello *Campioni* è rappresentato da un'icona che riproduce il tipico *crocino tipografico*.

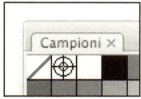

Fig. 5.25 – Dettaglio del campione *Registro* nel pannello *Campioni*.

NOTA – Il campione *Registro* di Illustrator CS3 corrisponde al campione *Registrazione* di FreeHand MX, solo che quest'ultimo può essere anche modificato nelle percentuali.

Il campione *Nessuno* serve invece ad annullare qualunque colore attribuito sia ad un contorno sia ad un riempimento. Anche questo campione è di *sistema* e non può essere né eliminato, né modificato.

Illustrator CS3 è dotato di una innovativa funzione chiamata Colore dinamico. Grazie a questa è possibile modificare molto rapidamente i colori di un'illustrazione per generare diverse varianti della stessa. La funzione Colore dinamico è affrontata a Pag. 190.

Strumenti visivi

In questo capitolo affronteremo tutti quei comandi, strumenti e funzioni, legati alla gestione e visualizzazione dei documenti. Tra i vari approfondimenti vedremo come si usano i righell e le guide, ma vedremo anche come impostare una prova colore sul video.

Modalità di visualizzazione

Durante l'editing di un progetto capita spesso di dover cambiare modalità di visualizzazione per verificare dettagli degli elementi grafici. Si abilita per esempio la modalità *struttura* per recuperare oggetti che sembravano essere scomparsi, in quanto coperti da altri. Altre volte invece si effettuano *ingrandimenti* di piccole zone, per controllare se punti e tracciati sono uniti correttamente. Illustrator CS3 vanta numerosi strumenti di visualizzazione, molti di più di quanti ce ne siano in FreeHand MX. Per i freehandisti può risultare un pò complicato l'approccio con tutti questi strumenti, cerchiamo quindi di procedere con calma, analizzandoli uno per uno.

Anteprima/Contorno

In Illustrator CS3 è possibile passare rapidamente dalla visualizzazione a colori alla struttura del documento. In FreeHand MX il cambiamento tra la modalità di *Anteprima* e quella di *Struttura* si effettua sia dal piccolo menu nella parte bassa del documento attivo, sia con il comando *Visualizza > Struttura*. In Illustrator CS3 la modalità struttura prende il nome di *Contorno* e si abiliá con il comando *Visualizza > Contorno*.

NOTA – L'abbreviazione da tastiera per passare dalla modalità *Normale* ad *Anteprima* è Cmd + Y (Ctrl + Y su Windows).

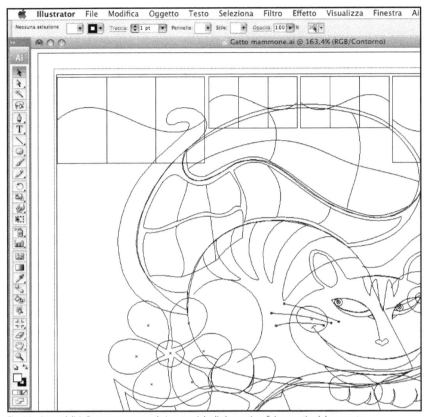

Fig. 6.1 – La modalità *Contorno* mostra solo i contorni degli elementi grafici presenti nel documento.

Anteprima pixel

Questa modalità di visualizzazione è una particolarità di Illustrator CS3. È molto utile quando si progettano elementi grafici che rimangono "confinati" nel video, su un sito o su un DVD. Se si impartisce il comando *Visualizza > Anteprima pixel*, Illustrator cambia la modalità di visualizzazione da *vettori* a *pixel*, usando il valore standard per il video di 72 DPI (punti per pollice). Questa modalità è molto utile per verificare in maniera precisa posizione, dimensione ed effetto *anti-alias* di qualunque oggetto, usando il singolo pixel come unità di misura. Se tenti di modificare un oggetto vettoriale mentre è attivata l'*anteprima pixel* noterai che gli spostamenti non sono fluidi come sempre, ma vanno a *scatti*. In pratica, invece di usare l'unità di misura predefinita nel documento, vengono usati i pixel, con una definizione base di 72 DPI.

ATTENZIONE – Questa modalità di visualizzazione non va confusa con le *Impostazioni degli effetti raster* del documento. È utile solo nei casi in cui si stia lavorando su elementi grafici che devono essere trasferiti su un sito oppure su qualunque supporto per il video.

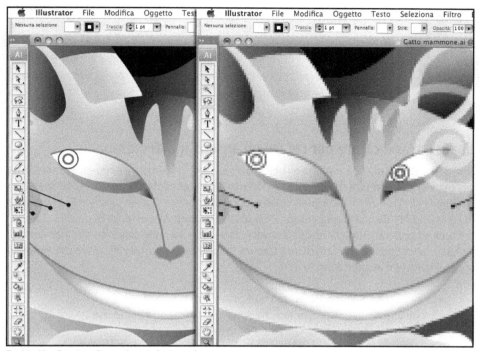

Fig. 6.2 – Visualizzazione di anteprima pixel: prima e dopo.

Anteprima sovrastampa

Questa funzione è davvero utile ed è specifica di Illustrator CS3. Se sono stati usati colori in *sovrastampa*, oppure hai creato dei *tracciati composti* con l'impostazione *sovrastampa*, attivando questa funzione viene visualizzata un anteprima dei colori che verrebbero a formarsi dalla sovrapposizione degli oggetti messi in sovrastampa. Per abilitare questa modalità di visualizzazione è necessario impartire il comando *Visualizza > Anteprima sovrastampa*.

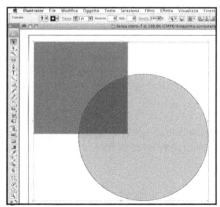

Fig. 6.3 – Visualizzazione dei colori di sovrastampa tra due oggetti.

///

L'anteprima sovrastampa di Illustrator CS3 permette di simulare sul video come risulterebbe la stampa di oggetti con colori impostati in sovrastampa. FreeHand MX da questo punto di vista è molto carente; i risultati di un eventuale sovrastampa possono essere controllati solo in fase di produzione degli esecutivi.

Usare i profili colore per creare un'anteprima di stampa

Uno dei problemi più ricorrenti tra gli utenti di FreeHand MX è la corrispondenza dei colori tra ciò che viene rappresentato sul video e ciò che viene realmente stampato. Molto spesso, in stampa, i colori sono diversi da quelli che si vedono sul monitor. Questo problema è accentuato in FreeHand MX da una scarsa gestione del colore ed una totale assenza di *profili colore* nei documenti generati. Illustrator CS3 è invece dotato di una utile funzione che permette di simulare sul monitor il risultato di una stampa, in base alle impostazioni colore che vengono scelte. Si procede in questo modo:

» Impartisci il comando *Visualizza > Imposta prova*
» Scegli uno dei profili predefiniti che appaiono nel menu a comparsa
» Impartisci il comando *Visualizza > Colori prova*

Da questo momento in poi, i colori vengono rappresentati cercando di simulare in maniera precisa il profilo che è stato scelto per la stampa. Per verificare la differenza è sufficiente abilitare e disabilitare nuovamente l'anteprima dei colori con il comando *Colori prova*.

Personalizzazione del profilo di colore per l'anteprima

Oltre ad utilizzare i profili predefiniti che vengono mostrati nel menu *Imposta prova* è possibile sceglierne degli altri. Basta impartire il comando *Visualizza > Imposta prova > Personalizza*. Nella maschera che si apre è possibile definire quattro diverse impostazioni:

» **Dispositivo da simulare**
  Permette di scegliere un dispositivo specifico (o spazio colore) da un elenco di profili disponibili nel computer
» **Mantieni i valori numerici CMYK/RGB**
  Simula la riproduzione dei colori senza effettuare la conversione nello spazio colore del profilo di output. Questa opzione è indicata quando è necessario ottenere una prova CMYK precisa
» **Intento di rendering**
  Se viene disattivata l'opzione *Mantieni i valori numerici CMYK* è possibile specificare *un intento di rendering* per la conversione dei colori nel profilo che si vuole simulare
» **Simula colore carta**
  Simula il colore della carta di stampa, in base al profilo prescelto. Questa opzione non è disponibile per tutti i profili

» **Simula inchiostro nero**
Simula il grigio scuro di alcune stampanti al posto del nero uniforme, in base al profilo prescelto. Questa opzione non è disponibile per tutti i profili.

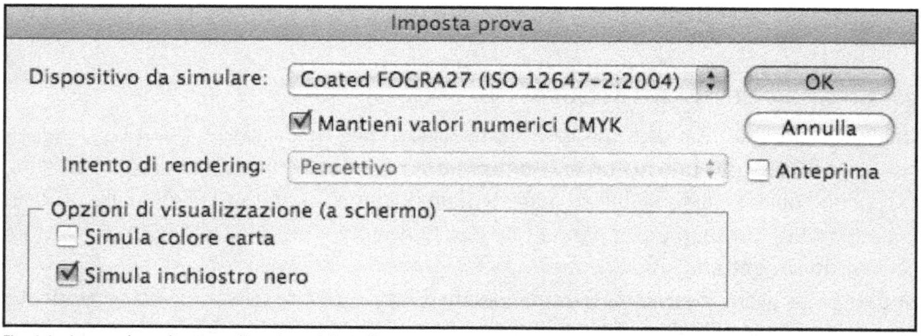

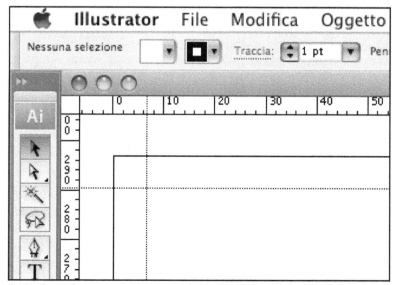

Fig. 6.4 – La maschera di personalizzazione del profilo.

Righelli e guide

I righelli sono uno strumento fondamentale sia per la misurazione accurata di oggetti, sia per la gestione delle guide. Come in FreeHand MX, questi possono essere attivati e disattivati con il comando *Visualizza > Mostra/Nascondi livelli*. Come preimpostazione l'origine dei righelli (contrassegnata dal valore zero) è localizzata nell'angolo in basso a sinistra nell'area di lavoro. Se si vuole modificare l'origine si procede in questo modo:

» Posiziona il puntatore nell'angolo in alto a sinistra
» Fai clic + trascina nel punto del documento che vuoi impostare come origine

Fig. 6.5 – Durante lo spostamento del punto di origine appaiono due linee di controllo per facilitare l'operazione.

NOTA – Per ripristinare l'origine preimpostata basta fare doppio clic nell'angolo in alto a sinistra, in corrispondenza dell'intersezione tra i righelli.

Le guide: una svolta rispetto a FreeHand MX

Ho deciso di titolare in questo modo la parte relativa alle guide di Illustrator CS3, perché davvero, si tratta di un modo nuovo di interpretare il concetto di guide. Sappiamo, da sempre, che le guide non sono assimilabili ad oggetti di un documento: si tratta di elementi utili per l'allineamento di questi, ma che hanno una loro "autonomia" rispetto alle normali funzioni applicabili agli oggetti.

Illustrator CS3 supera FreeHand MX modificando il *rapporto* che c'è tra oggetti e guide. Le guide, di fatto, sono degli *oggetti*. Possono essere *selezionate* singolarmente e spostate. Possono essere persino *raggruppate* con un oggetto, potendole spostare insieme a questo.

Si pensi alla possibilità di applicare delle guide alla fustella di una cartella raggruppandole per esempio con questa: nel momento in cui si effettua una copia della grafica in un nuovo documento, le guide vengono *trasportate* insieme alla grafica, preservando quindi i riferimenti sulla fustella.

Come in FreeHand MX, le guide si dividono in due principali categorie: *guide righello* e *oggetti guida*.

Creare una guida righello

Prima di poter procedere con la creazione di una guida è necessario impartire il comando *Visualizza > Mostra righelli*. Fatto questo si procede come segue:

» Posiziona il puntatore su un righello (orizzontale o verticale)
» Fai clic + trascina nella posizione desiderata

Un ulteriore innovazione di Illustrator CS3 è data dal fatto che le guide possono anche essere depositate fuori dal documento corrente. In FreeHand MX invece le guide possono essere posizionate solo all'interno del documento.

Creare un oggetto guida

Oltre alle normali guide è possibile *trasformare* qualunque oggetto presente nell'area di lavoro in una guida. In questo modo è per esempio possibile creare guide curve e guide complesse. Si procede in questo modo:

» Crea un oggetto con qualunque strumento di disegno
» Seleziona l'oggetto appena creato con lo strumento *Selezione*
» Impartisci il comando *Visualizza > Guide > Crea guide*

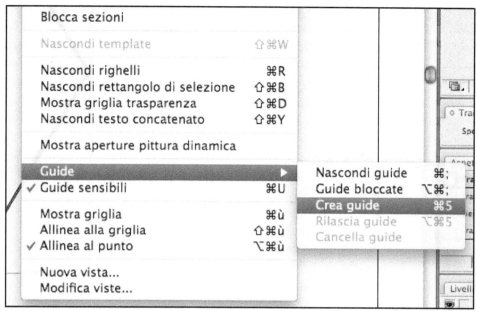

Fig. 6.6 – Conversione di un oggetto in *oggetto guida*.

Spostare, eliminare o rilasciare le guide

Le guide possono essere ovviamente spostate, eliminate, bloccate e rilasciate. Una piccola differenza tra i due applicativi risiede nello spostamento *numerico* di una guida. In FreeHand MX è necessario fare doppio clic su una guida per impostare i valori di spostamento sotto forma di numeri; in Illustrator CS3 invece si seleziona il righello e si impostano i valori di spostamento dalla *barra di controllo*, oppure dal menu contestuale (clic + tasto destro) *Trasforma > Spostamento*. Nella Tabella 6.1 sono visualizzati tutti i comandi relativi alle guide.

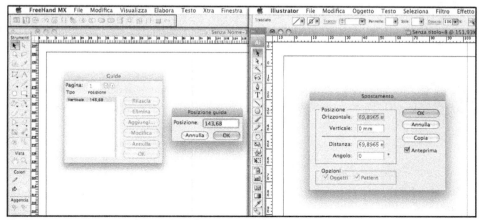

Fig. 6.7 – Spostamento *numerico* di una guida: confronto tra FreeHand MX (a sinistra) e Illustrator CS3 (a destra).

Intento	Operazioni
Bloccare/Sbloccare tutte le guide	*Visualizza > Guide > Guide bloccate*
Spostare una guida	Clic + trascina
Copiare una guida	Si esegue in tre passaggi: 1) Selezione della guida con lo strumento *Selezione* 2) *Modifica > Copia* 3) *Modifica > Incolla*
Eliminare una guida	Si esegue in due passaggi: 1) Selezione della guida con lo strumento *Selezione* 2) *Modifica > Cancella*
Eliminare tutte le guide	*Visualizza > Guide > Cancella guide*
Rilasciare una guida (riconvertirla in un normale oggetto grafico)	Si esegue in due passaggi: 1) Selezione della guida con lo strumento *Selezione* 2) *Visualizza > Guide > Rilascia guide*

Tabella 6.1 – Comandi per la gestione delle guide.

NOTA – Poiché le guide si comportano come veri e propri oggetti è possibile applicare le modifiche appena descritte anche a più guide in contemporanea, facendo una selezione estesa, oppure selezionandole progressivamente con il tasto Maiuscole premuto.

Allineare oggetti alle guide

I punti di ancoraggio degli oggetti possono essere facilmente allineati alle guide: è sufficiente avvicinare il puntatore ad una distanza inferiore a due pixel, per ottenere uno *snap* tra la guida ed il punto. La forma del puntatore passa da freccia piena a freccia vuota quando viene applicato l'allineamento. Questo tipo di allineamento è utile qualora si stia ridimensionando un oggetto da un punto di ancoraggio, o qualora si stia spostando un gruppo, sempre però partendo da un punto di ancoraggio.

ATTENZIONE - Durante questa operazione l'allineamento dipende dalla posizione del puntatore, non dai contorni dell'oggetto trascinato.

La funzione Guide sensibili

In FreeHand MX sono presenti due utili funzioni per l'allineamento preciso degli oggetti: *Aggancia a punto* e *Aggancia agli oggetti*. Abilitandole è possibile allineare tra loro gli oggetti, sia lungo i lati, sia tramite i punti di ancoraggio. In Illustrator CS3 esiste un unico comando per compiere entrambe le operazioni, e peraltro usa una modalità di visualizzazione ancora più intuitiva. Il comando è *Visualizza > Guide sensibili*.

 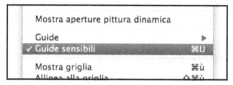

Fig 6.8 – Allineamento facilitato degli oggetti: confronto tra le modalità di attivazione tra i due software; FreeHand MX a sinistra, Illustrator CS3 a destra.

Dopo aver abilitato la funzione, si nota che al passare del puntatore sopra qualunque oggetto, questo viene *evidenziato* con un contorno celeste. Per allineare tra loro gli oggetti è quindi sufficiente trascinarli da un lato o da un punto di ancoraggio, avvicinandoli il più possibile tra loro. Sotto una certa soglia (2 pixel) gli oggetti si agganciano. Attenzione però, se non si abilità la funzione *Guide sensibili*, è possibile allineare un oggetto ad una guida, solo trascinandolo da un punto di ancoraggio, non da un lato.

ATTENZIONE – Durante la creazione di progetti complessi, che prevedono l'uso di lunghi blocchi di testo è consigliabile disattivare la funzione *Guide sensibili* quando si fanno modifiche di testo. In caso contrario viene evidenziata ogni singola lettera del testo, rendendo difficile la modifica.

Visualizzare i contorni di una selezione

Il comando *Visualizza > Mostra/Nascondi contorni selezione* permette di cambiare la visualizzazione di una serie di oggetti selezionati. Il comando *Mostra* mette in evidenza tutti i contorni di una serie di oggetti selezionati. Il comando *Nascondi*, invece mostra solo il rettangolo globale di selezione.

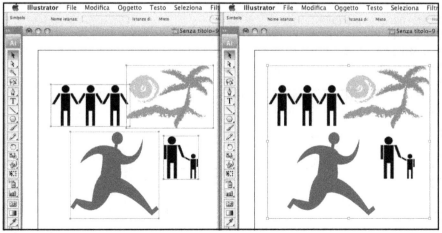

Fig. 6.9 – Confronto tra le due modalità di visualizzazione dei contorni di oggetti.

NOTA – Quando il progetto grafico su cui si sta lavorando è molto complesso è preferibile disattivare la visualizzazione dei contorni di selezione.

Visualizzare il rettangolo di selezione

Il comando *Visualizza > Mostra/Nascondi rettangolo di selezione* influisce invece sui contorni del singolo oggetto. L'attivazione di questo comando determina la visualizzazione del rettangolo di selezione intorno ad un oggetto selezionato.

Fig. 6.10 – Confronto tra le due modalità di visualizzazione del rettangolo di selezione.

La griglia

La griglia è un ulteriore strumento di allineamento. Quando viene visualizzata, questa è visibile dietro al disegno e ovviamente non viene stampata. Per attivare la griglia si impartisce il comando *Visualizza > Mostra griglia*. Per nasconderla invece si impartisce il comando *Visualizza > Nascondi griglia*.
Il vero vantaggio dell'utilizzo di una griglia consiste nella possibilità di allineare gli oggetti a questa. Attivando la funzione *Visualizza > Allinea alla griglia* gli oggetti si agganciano automaticamente a questa quando vengono creati, spostati o modificati.

Fig. 6.11 – La griglia di Illustrator CS3.

NOTA – Il comando *Allinea alla griglia* può essere anche usato in congiunzione con il comando *Anteprima pixel*.

Per modificare l'aspetto della griglia è necessario aprire le preferenze di Illustrator CS3 (*Illustrator > Preferenze > Guide e griglia* o *Modifica> Preferenze > Guide e griglia* su Windows). Da qui è possibile scegliere diverse impostazioni: *dimensione, stile, colore, priorità visiva rispetto al disegno.*

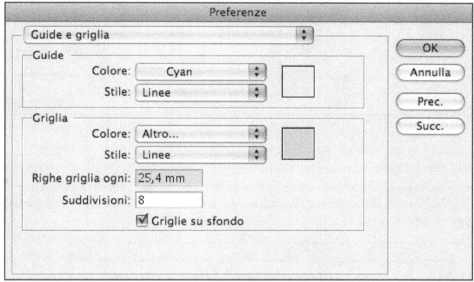

Fig. 6.12 – La sezione *Guide e griglia* delle preferenze di Illustrator.

Le viste

Le *viste* e le *finestre* rappresentano un metodo efficace per lavorare su un singolo documento con diversi livelli di dettaglio e visualizzazione. Le *viste* sono una particolarità di Illustrator CS3 e corrispondono alla creazione di modalità di visualizzazione specifiche per un documento. Un esempio tipico delle viste è rappresentato in Figura 6.13 dove la cartina dell'Italia è organizzata in viste personalizzate per alcune regioni. Le *viste* sono in grado di conservare alcune personalizzazioni come per esempio lo *zoom* e la *modalità di anteprima*.

NOTA – Al momento del salvataggio, tutte le viste create vengono salvate insieme al documento. È possibile creare un massimo di 25 viste per ogni documento.

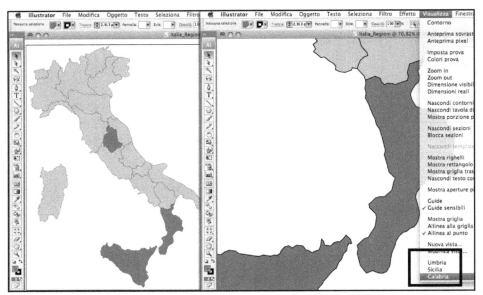

Fig. 6.13 – Esempio di uso della funzione *vista*. Notare le varie viste create in fondo al menu *Visualizza*.

Modificare le viste

Per modificare le viste (rinominarle o eliminarle) si impartisce il comando *Visualizza* > *Modifica viste*. Dalla maschera *Modifica viste* è quindi possibile effettuare gli opportuni cambiamenti.

Fig. 6.14 – La maschera *Modifica viste*.

Le finestre

Le finestre sono invece molto simili a quelle di FreeHand MX. Vengono aperte con il comando *Visualizza* > *Finestra* e possono avere impostazioni di visualizzazione tra loro diverse. Ad esempio, è possibile avere una finestra con forte ingrandimento su cui eseguire modifiche di precisione e un'altra con ingrandimento minore per disporre gli oggetti sulla

pagina. Su Windows è anche possibile organizzare le finestre tramite tre comandi: *Finestra >*
Sovrapponi, Finestra > Affianca e *Finestra > Disponi icone.*
Le finestre si differenziano rispetto alle viste per alcuni motivi:

> » Possono essere aperte in contemporanea
> » Non vengono memorizzate al momento del salvataggio
> » Hanno modalità di visualizzazione totalmente indipendenti; per esempio è possibile
> visualizzare la griglia solo su una finestra e non sulle altre.

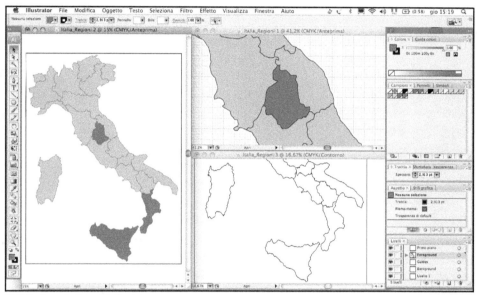

Fig 6.15 – Esempio di uso delle finestre.

7

I testi

Sebbene Illustrator CS3 non sia un programma di impaginazione, è dotato di utili strumenti per la gestione del testo. È però necessario fare un'attenta riflessione sull'uso del testo. FreeHand MX viene usato normalmente sia per la realizzazione di brochure, sia pure per l'impaginazione di testi (grazie anche al supporto multi pagina). Illustrator CS3 andrebbe usato per quello che è e sa fare: illustrazione grafica, bozzettistica, creazione di progetti a singola pagina o bifacciali. È importante (e qui mi rivolgo ai freehandisti d.o.c.) non cadere nella tentazione di utilizzarlo come FreeHand MX, ovvero per l'impaginazione pura. Per quello è invece necessario usare Adobe InDesign CS3, che si integra perfettamente con Illustrator CS3.

Gli strumenti per il testo

In FreeHand MX si è abituati ad un unico strumento di testo, che può essere usato in due modalità: *dimensione fissa, blocco di testo espandibile*. Nel primo caso si usa un blocco come contenitore fisso del testo, nel secondo caso invece si usa lo strumento testo direttamente sulla pagina, senza che questo sia vincolato da un blocco. Illustrator CS3 è invece dotato di cinque diversi strumenti di testo, che possono essere scelti con una pressione prolungata del mouse sull'icona dello strumento *Testo*.

Fig. 7.1 – Dettaglio degli strumenti di testo.

Lo strumento Testo in area

Lo strumento *Testo in area* permette di inserire un testo all'interno di una forma geometrica che può essere sia chiusa, sia aperta. Dopo averla disegnata è sufficiente selezionare lo strumento e fare clic in qualunque parte interna al disegno. Una volta inserito il testo, è possibile modellare la forma con lo strumento *Selezione diretta*: il testo cambierà il suo flusso di conseguenza.

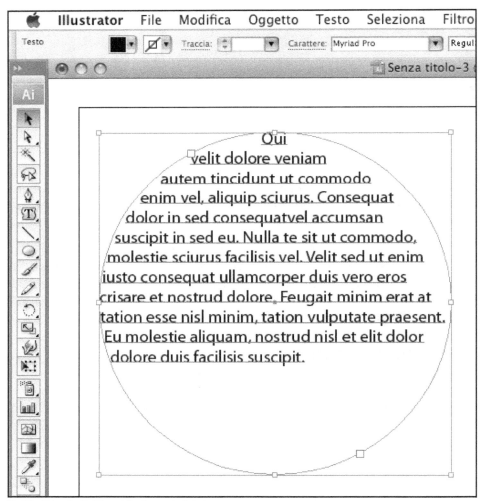

Fig. 7.2 – Esempio di utilizzo dello strumento *Testo in area*.

NOTA – Questo strumento è l'equivalente del comando *Testo > Inserisci nel tracciato*, presente in FreeHand MX. A differenza di questo però, l'oggetto che viene usato come contenitore perde l'eventuale riempimento di colore nel momento in cui si trasforma in area.

Lo strumento Testo su tracciato

Lo strumento *Testo su tracciato* permette di far fluire il testo lungo un tracciato, seguendone curve ed angoli. L'utilizzo è estremamente semplice; basta disegnare un tracciato e poi farvi clic. Il cursore del testo si posiziona automaticamente all'inizio del tracciato.

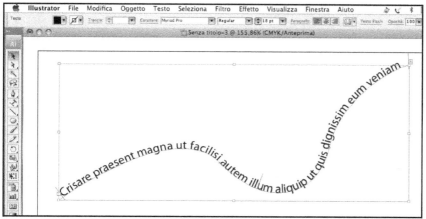

Fig. 7.3 – Esempio di utilizzo dello strumento *Testo su tracciato*.

NOTA – Questo strumento è l'equivalente del comando *Testo > Collega al tracciato* presente in FreeHand MX.

Lo strumento Testo verticale

Lo strumento *Testo verticale* permette di impostare il flusso di un blocco di testo affinché si muova in verticale, invece che in orizzontale. Questo strumento può essere usato anche all'interno di un oggetto chiuso, in maniera analoga allo strumento *Testo in area*.

Fig. 7.4 – Esempio di utilizzo dello strumento *Testo verticale*.

Lo strumento *Testo in area verticale*

Lo strumento *Testo in area verticale* è identico allo strumento *Testo in area* con la differenza che l'orientamento del testo è in verticale.

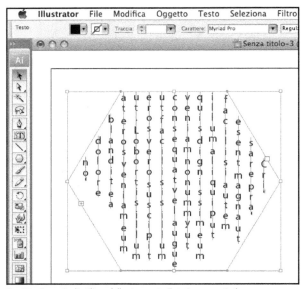

Fig. 7.5 – Esempio di utilizzo dello strumento *Testo in area verticale*.

Lo strumento *Testo verticale su tracciato*

Lo strumento *Testo verticale su tracciato* permette di far fluire il testo lungo un tracciato, seguendone curve ed angoli. L'unica differenza rispetto allo strumento *Testo su tracciato* è dato dall'orientamento del testo che procede ruotato a 90° rispetto al testo normale.

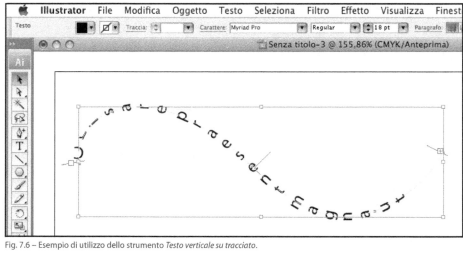

Fig. 7.6 – Esempio di utilizzo dello strumento *Testo verticale su tracciato*.

Comporre il testo

L'approccio alla composizione del testo è molto simile tra Illustrator e FreeHand. Entrambi i software hanno la capacità di creare sia blocchi di testo con contenitore *fisso* sia blocchi di testo *libero*. Lo strumento di partenza è il medesimo (*Testo*) per entrambi, ma a seconda di come si usa genera l'una o l'altra variante.

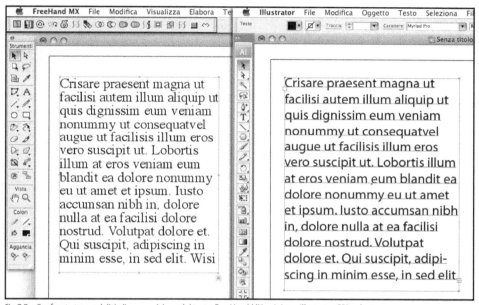

Fig.7.7 – Confronto tra modalità di composizione del testo: FreeHand MX a sinistra, Illustrator CS3 a destra.

NOTA – Illustrator CS3 è in grado di importare anche documenti di testo creati da altri programmi, come per esempio i documenti di Microsoft Word (.doc), i file RTF e i documenti di testo semplice (.txt). Dopo averli importati è possibile adottare tutti le tecniche di composizione fin qui viste.

Comporre un testo indipendente

Con il *testo indipendente* si creano in genere testi molto brevi, come quelli che si trovano per esempio su un logo o un'icona. Il testo indipendente può essere sia orizzontale, sia verticale. Per iniziare si fa clic con lo strumento *Testo* su qualunque parte del documento e si comincia a scrivere.

ATTENZIONE – In fase di posizionamento del cursore bisogna fare attenzione a non fare clic su un oggetto esistente, altrimenti questo viene trasformato in un *Testo in area* o *Testo su tracciato*.

Modificare un testo indipendente

Un blocco di testo indipendente può essere modificato solo in modo manuale. In effetti, se si tenta di ridimensionare il rettangolo di selezione con lo strumento *Selezione* si ottiene solo una deformazione del testo. Per poter riformattare il testo è quindi necessario procedere manualmente. Per esempio, per trasformare un testo su un unica linea in due linee è necessario posizionarsi nel punto in cui si vuole creare la divisione, premendo il tasto *Invio*.

Fig. 7.8 – Se si modifica il rettangolo di selezione di un testo indipendente si ottiene una deformazione.

Sfortunatamente un testo indipendente non può essere riconvertito in un testo in area. Questa mancanza (presente invece in FreeHand MX) obbliga l'utente a copiare il testo indipendente per poi incollarlo in un nuovo testo in area.

Modificare il carattere di un testo indipendente

La dimensione di un testo indipendente può essere modificata sia in maniera diretta, sia tramite il pannello *Carattere*. Nel primo caso, come abbiamo appena visto, è sufficiente selezionare e trascinare uno dei punti di ancoraggio, avendo però cura di premere contemporaneamente il tasto *Maiuscole*, per fare in modo che il testo si ingrandisca proporzionalmente, invece che deformarsi. La modifica del tipo di carattere viene invece operata tramite il pannello *Carattere* (*Finestra > Testo >* Carattere). Qui è possibile definire il *tipo* di carattere, lo *stile*, la *dimensione*, l'*interlinea*, la *crenatura* e l'*avvicinamento*, inserendo i valori numerici adeguati.

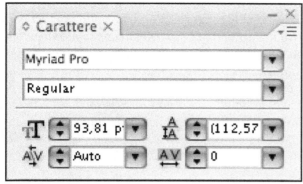

Fig 7.9 – Il pannello *Carattere*.

Modificare la formattazione di un testo indipendente

La modifica della formattazione di un testo indipendente viene operata tramite il pannello *Paragrafo* (*Finestra* > *Testo* > Paragrafo). In questo pannello si definiscono l'*allineamento*, i *rientri*, gli *spazi* e la *sillabazione*.

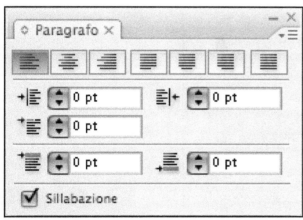

Fig 7.10 – Il pannello *Paragrafo*.

Comporre un testo in area

Con il *testo in area* si creano blocchi di testo lungo, che in genere fanno parte di depliant, brochure ed altri impaginati. Quando il testo raggiunge il limite del suo contenitore si crea una nuova riga ed il testo prosegue il suo flusso. Per creare un testo in area si può procedere in due modi:

» Seleziona lo strumento *Testo* e fai clic + trascina nell'area di lavoro, fino a determinare un rettangolo sufficientemente capiente per il testo che vuoi comporre.
» Disegna una forma qualunque (per esempio un rettangolo), seleziona lo strumento *Testo* e fai clic in qualunque punto dell'oggetto.

La funzione Testo in area di Illustrator CS3 ha una limitazione da non sottovalutare rispetto a FreeHand MX. Una volta definito il contenitore del testo, questo può essere modificato solo manualmente, tramite per esempio, lo strumento Selezione. Questo significa che se il testo è maggiore del contenitore, la parte eccedente viene nascosta, e appare un "+" di colore rosso in basso a destra nel contenitore. In FreeHand MX è invece possibile definire un testo in area "ibrido", nel quale si può far crescere dinamicamente il contenitore (in orizzontale o verticale) sulla base della crescita del testo.

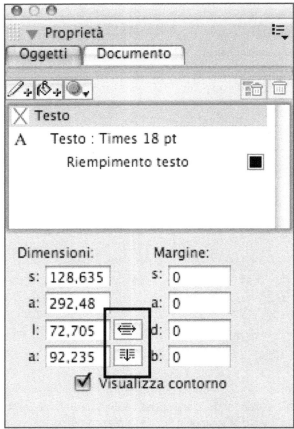

Fig. 7.11 – Dettaglio dei comandi di regolazione per il ridimensionamento dinamico di un blocco di testo in FreeHand MX.

Modificare il contenitore di un testo in area

A differenza del *testo indipendente*, il contenitore di un *testo in area* può essere modificato senza che il testo venga deformato. Nel caso di un rettangolo è sufficiente selezionare e trascinare uno dei punti di ancoraggio: il flusso del testo cambia di conseguenza.

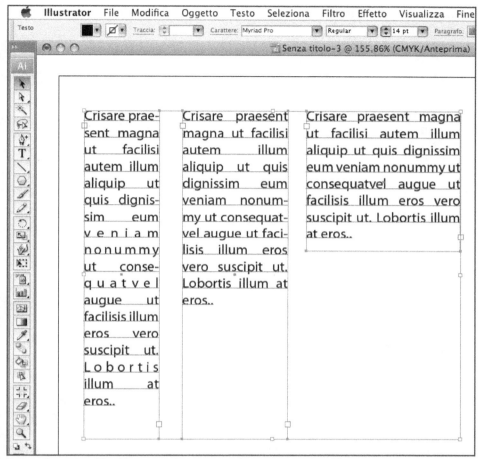

Fig. 7.12 – Durante la modifica del contenitore di un testo in area il testo interno non viene deformato.

ATTENZIONE – La dimensione del carattere di un testo in area non può essere modificata dinamicamente come avviene per il testo indipendente. In questo caso è necessario operare le modifiche dal pannello *Carattere*.

Trasformare il testo insieme al contenitore

Durante la trasformazione del contenitore di un testo è possibile modificare insieme anche il testo contenuto. Per trasformare sia il testo, sia il contenitore usando per esempio lo strumento *Rotazione* si procede così:

» Seleziona il blocco di testo con lo strumento *Selezione*
» Scegli lo strumento *Rotazione*
» Ruota il blocco di testo

Se invece si vuole modificare il solo contenitore lasciando senza modificare il testo interno si procede così:

» Seleziona il blocco di testo con lo strumento *Selezione*
» Ruota il blocco di testo usando le normali maniglie di rotazione che appaiono intorno

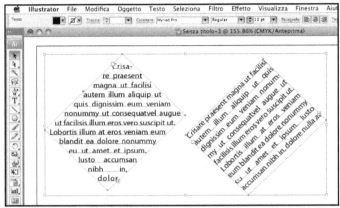

Fig. 7.13 – Confronto tra metodi di rotazione di un blocco di testo.

Impostare il metodo di composizione del testo

Uno dei maggiori problemi del testo *giustificato* è il modo in cui vengono creati spazi tra parole e caratteri per fare in modo che il testo riempia efficacemente il blocco che lo contiene. Molto spesso capita di creare blocchi di testo molto stretti, nei quali si creano buchi vistosi a causa di come vengono gestiti gli spazi. La *sillabazione* è una di quelle funzioni che può essere utile, grazie al fatto che divide le parole sulla base delle regole linguistiche di base. Non è però sempre sufficiente a definire il flusso del testo in maniera equilibrata.

In Illustrator CS3 è possibile definire due modalità per la composizione del testo: entrambe possono essere impostate dal menu del pannello *Paragrafo* (*Finestra > Testo > Paragrafo*):

» Composizione riga-per-riga Adobe
» Composizione multi-riga Adobe

Fig. 7.14 – Scelta del metodo di composizione del testo dal pannello *Paragrafo*.

NOTA – Per forzare un testo ad allungarsi fino a coprire l'intera larghezza del blocco che lo contiene si seleziona la riga di testo e si impartisce il comando *Testo > Adatta titolo*.

Il primo metodo è quello più tradizionale usato ampiamente dai normali programmi di editing. Questo si focalizza interamente sulla *singola riga* con il fine ultimo di dare all'utente la possibilità di controllare manualmente il fine riga.

Il secondo metodo invece prevede la composizione del testo controllando più righe in contemporanea (tutte quelle comprese tra l'inizio e la fine del paragrafo). Il risultato visivo è più equilibrato poiché gli eventuali buchi nel testo vengono *riparati* modificando coerentemente gli spazi. Ovviamente, a differenza del metodo *riga-per-riga* il controllo sul fine riga è molto meno facile.

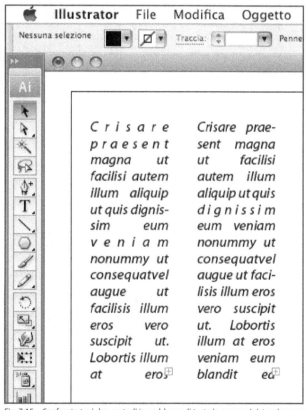

Fig. 7.15 – Confronto tra i due metodi in un blocco di testo in area: a sinistra *riga-per-riga*, a destra *multi-riga*.

La composizione multi-riga è una particolarità di Illustrator CS3. FreeHand MX usa una composizione riga-per-riga.

Collegare blocchi di testo

Quando si crea un depliant capita spesso di dover collegare tra loro blocchi di testo che si trovano distanti tra loro. In FreeHand MX questa operazione si esegue trascinando il puntatore dall'angolo in basso a destra di un blocco su un altro blocco di testo o forma geometrica. In Illustrator CS3 le cose sono molto simili, c'è solo una piccola differenza di utilizzo del comando. Si procede in questo modo:

>> Seleziona un blocco di testo con lo strumento *Selezione*
>> Fai clic sulla casella in basso a destra del blocco (l'icona del puntatore viene modificata)
>> Fai clic + trascina per creare un nuovo blocco di testo collegato

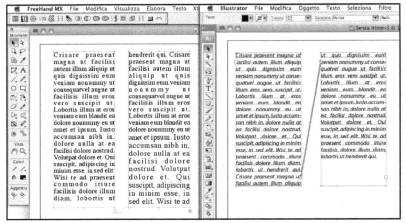

Fig 7.16 – Confronto tra blocchi di testo collegati: FreeHand MX a sinistra, Illustrator CS3 a destra.

NOTA – Se si vuole collegare il primo blocco di testo ad un altro (o una forma) già presente nel documento si fa un clic all'interno di questo, invece che fare clic + trascina. Se si fa invece solo un clic sull'area di lavoro viene creato un blocco di testo delle medesime dimensioni di quello originale.

Scollegare o rimuovere i collegamenti di testo

Se un collegamento tra due o più blocchi di testo non è più necessario si può procedere alla rimozione in vari modi:

>> Se vuoi interrompere il collegamento tra due blocchi fai clic sull'angolo in basso a destra del blocco superiore o principale.
>> Se vuoi eliminare un blocco da una serie di blocchi collegati seleziona il blocco e impartisci il comando *Testo > Testo concatenato > Rilascia selezione*.
>> Se vuoi invece rimuovere tutti i collegamenti presenti nel documento impartisci il comando *Testo > Testo concatenato > Elimina concatenamento*.

Creare righe e colonne di testo

Oltre al collegamento di blocchi di testo, c'è spesso l'esigenza di creare righe o colonne di testo, organizzate in maniera ordinata. In FreeHand MX queste si impostano dal pannello *Oggetto*, nella sezione *Testo*. In questo pannello è possibile normalmente determinare il numero di colonne e/o righe, la loro dimensione, la distanza, e molto altro ancora.

In Illustrator CS3 invece le impostazioni per righe e colonne vengono inserite nella maschera *Opzioni testo in area* che si richiama con il comando *Testo > Opzioni testo in area*.

Fig. 7.17 – Creazione di righe e colonne di testo: confronto tra il pannello *Oggetto* di FreeHand MX (a sinistra) e la maschera *Opzioni testo in area* di Illustrator CS3 (a destra).

Le impostazioni di base sono molto simili tra i due programmi. In Illustrator CS3 è possibile definire:

» *Larghezza* e *Altezza* dei rettangoli di ingombro (un parametro non presente in FreeHand MX)
» *Numero di righe* e colonne dentro i rettangoli di ingombro
» *Distanza* tra righe o colonne
» *Scostamento* del testo rispetto ai margini
» Tipo di *scorrimento* del testo

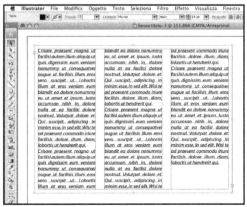

Fig. 7.18 – Un esempio di testo diviso in colonne.

NOTA – L'opzione *Fisso* determina il comportamento di righe e colonne durante il ridimensionamento del blocco di testo; se viene selezionato le righe e le colonne vengono modificate dinamicamente ma non la loro relativa larghezza. Se non viene selezionato, queste vengono modificate coerentemente con il blocco di testo.

Inserire simboli speciali

Il pannello *Glifi* (*Finestra* > *Testo* > *Glifi*) permette di scegliere rapidamente tutti i glifi che fanno parte di un determinato tipo di carattere. Di base questo pannello visualizza tutti i simboli speciali per il carattere che è attualmente in uso. Se si vogliono scegliere glifi di un altro carattere è sufficiente aprire il menu a comparsa dei caratteri presente nella parte bassa del pannello *Glifi*.

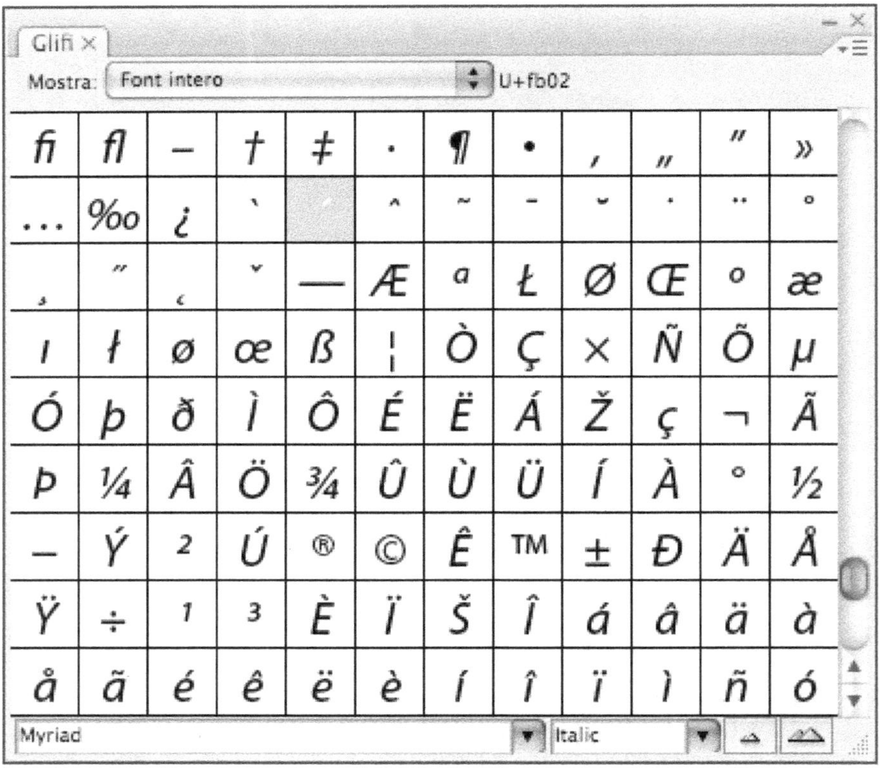

Fig. 7.19 – Il pannello *Glifi*.

NOTA – Per elencare solo un raggruppamento di simboli per il carattere selezionato è necessario aprire il menu a comparsa *Mostra* (in alto nel pannello Glifi) e scegliere la voce desiderata.

Alcuni simboli presenti all'interno di un determinato tipo di carattere possono avere anche delle *Alternative*, ovvero delle varianti del simbolo stesso. Per identificarle è sufficiente controllare la presenza di un piccolo triangolo nella parte bassa a destra della casella del simbolo prescelto. Si tratta in pratica di un piccolo menu a comparsa che può essere aperto con una pressione prolungata del mouse.

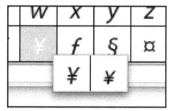

Fig. 7.20 – Esempio di glifi *alternativi*.

Gli effetti di testo

Gli utenti di FreeHand MX usano spesso modificare il testo di un progetto con gli *effetti di testo*. Si tratta di una serie di stilizzazioni che possono essere applicate a blocchi di testo o singole selezioni. Tra questi figurano per esempio l'effetto *Evidenziato*, *Neon*, *Zoom*, ecc. Illustrator CS3 non è dotato di così tanti effetti di testo. Se si apre il pannello *Carattere* e si attiva la voce *Mostra opzioni* dal menu a comparsa del pannello, è possibile visualizzare una ulteriore sezione del pannello, dove sono presenti, tra le altre cose, due effetti: *Sottolineato* e *Stile barrato*.

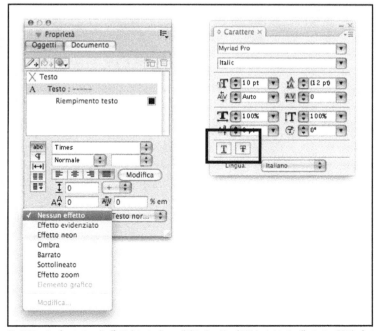

Fig. 7.21 – Confronto tra gli effetti di testo disponibili in FreeHand MX (a sinistra) e Illustrator CS3 (a destra).

NOTA – L'assenza di molti effetti di testo che invece sono presenti in FreeHand MX non è da cogliere come un fatto negativo. In effetti ben sa, chi li usa in FreeHand MX, quanti problemi possono occorrere durante la stampa di documenti che contengono effetti di testo. In Illustrator CS3 gli effetti (a blocchi di testo e oggetti in genere) si applicano dal menu *Effetti*.

Stili di testo

I programmi di impaginazione (come InDesign o Quark Xpress solo per citarne due) usano ampiamente gli stili di testo. La stessa cosa si può riscontrare anche in un software di word processing come Microsoft Word. Gli stili di testo sono molto utili, specialmente quando bisogna gestire un documento in cui i caratteri hanno diverse varianti, perché permettono di definire degli stili *globali* che sono validi per tutto il documento.

Se per esempio si definisce lo stile *testo normale* applicando a questo un carattere *Arial* con corpo 10, quando viene modificato lo stile, tutte le occorrenze nel testo verranno modificate di conseguenza. Immaginiamo per esempio una tesi di laurea scritta con Microsoft Word. Se dopo aver scritto più di 100 pagine il relatore richiede allo studente che il carattere del testo sia fatto più piccolo e di una famiglia diversa, questi non deve far altro che modificare solo lo stile *normale*; il software provvede automaticamente a cambiare tutto il testo in cui questo stile ricorre.

Fatta questa precisazione va subito detto che FreeHand MX non permette l'uso di stili di testo. Tutte le modifiche fatte sono *locali*, ovvero limitate al blocco di testo in cui hanno luogo.

Illustrator CS3 invece ha (come Adobe InDesign CS3) la possibilità di definire *stili di carattere*, e *stili di paragrafo*. Gli stili di carattere permettono di applicare un determinato stile ad una selezione di un paragrafo o blocco di testo. Gli stili di paragrafo invece permettono di formattare uno o più paragrafi.

La gestione degli stili è una prerogativa dei programmi di impaginazione. Ritrovare questa opzione in Illustrator CS3 non può che fare piacere, visto che migliora sensibilmente la gestione dei testi anche su piccoli impaginati come depliant e manifesti.

Fig. 7.22 – I pannelli *Stile di carattere* e *Stile di paragrafo*.

Creare un nuovo stile da una selezione

È possibile creare *stili di carattere* e *stili di paragrafo* a partire da una selezione. Per esempio, per creare un nuovo stile di paragrafo si procede in questo modo:

» Crea un testo scegliendo *carattere, corpo, interlinea* e ogni altra impostazione che ti serve
» Seleziona una parte del testo
» Apri il pannello *Stile paragrafo* (*Finestra > Testo > Stili di paragrafo*)
» Fai clic sul pulsante *Crea nuovo stile*

Viene creato un nuovo stile (normalmente con il nome *Stile di paragrafo 1*) nel pannello *Stili di paragrafo*.

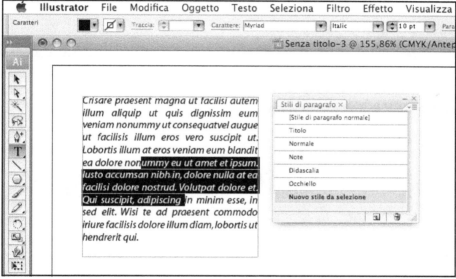

Fig. 7.23 – Il nuovo stile di paragrafo appena creato.

Creare un nuovo stile da zero

Se si vuole invece creare un nuovo stile da zero, decidendo quindi a posteriori tutte le impostazioni di quest'ultimo è necessario impartire il comando *Nuovo stile di paragrafo* dal menu a comparsa del pannello *Stili di paragrafo*. A questo punto viene visualizzata una prima finestra di dialogo dove inserire il nome per lo stile che si sta creando.

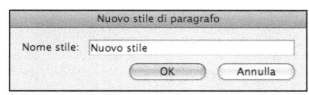

Fig. 7.24 – La finestra di dialogo per la scelta del nome di uno stile.

Modificare uno stile di paragrafo

Sia che si sia creato lo stile da una selezione o da zero, è possibile modificarlo facendo doppio clic sul suo nome nell'elenco di quelli presenti nel pannello *Stili di paragrafo*. Viene visualizzata un'articolata maschera dove è possibile impostare numerose opzioni per gli stili.

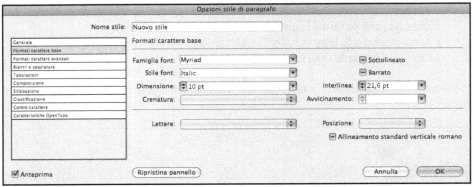

Fig. 7.25 – La maschera Opzioni stile di paragrafo.

Applicare uno stile di paragrafo

Dopo aver creato uno stile di paragrafo è possibile applicarlo a qualunque porzione di testo. L'operazione è estremamente veloce, basta procedere in questo modo:

> » Fai clic su qualunque punto di un paragrafo con lo strumento *Testo*
> » Fai clic sullo stile desiderato tra quelli presenti nel pannello *Stili di paragrafo*

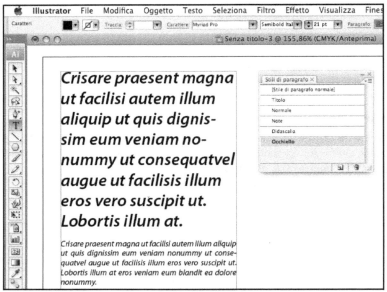

Fig. 7.26 – Applicare uno *stile di paragrafo*.

Le esclusioni

Durante la stesura di un testo può capitare spesso di dover aggiungere stili locali come il *grassetto*, il *corsivo*, il *sottolineato*, ecc. Quando si applicano questi stili ad un testo che ha già un suo stile predefinito, viene mostrato un "+" accanto al nome dello stile nel pannello *Stili di paragrafo*. Questo "+" sta proprio ad indicare che nel testo sono presenti formattazioni locali che non fanno parte dello stile predefinito.

Se si vogliono rimuovere tutte le esclusioni (annullando quindi di fatto grassetti, corsivi, ecc.) di un blocco di testo si procede in questo modo:

» Seleziona il blocco di testo con lo strumento *Selezione*
» Fai nuovamente clic in corrispondenza dello stile nell'elenco di quelli presenti nel pannello *Stili di paragrafo* (il "+" scompare e con lui tutte le esclusioni)

Se invece si vuole rimuovere una esclusione specifica è necessario fare una selezione ristretta alla sola parola o al gruppo di parole che la contengono, e poi impartire il comando *Elimina esclusioni* dal menu a comparsa del pannello *Stili di paragrafo*. In questo modo tutti gli stili locali vengono rimossi.

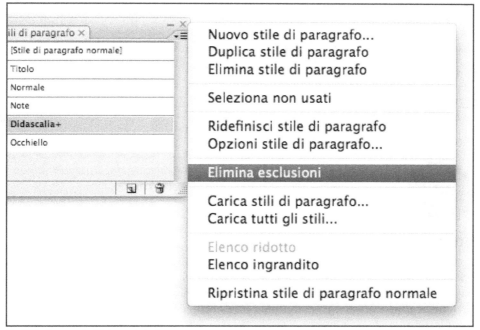

Fig. 7.27 – Il comando *Elimina esclusioni*.

NOTA – Quanto finora detto per il pannello *Stili di paragrafo* è comunque applicabile anche al pannello *Stili di carattere*. Consiglio però di utilizzare gli stili di paragrafo perché consentono una più rapida gestione degli stili nel testo.

Convertire il testo in tracciati

I freehandisti d.o.c ben conoscono il comando *Converti in tracciati*. Si, perché, molto spesso, per evitare che i testi degli esecutivi di stampa "sballino" una volta che raggiungono la tipografia, li si converte in tracciati. Va subito detto, e poi sarà oggetto di approfondimento, che Illustrator CS3 consente di generare un output in formato PDF senza eguali. Ciò che si dimentica (fortunatamente) di FreeHand MX, quando si inizia ad usare Illustrator CS3, sono i problemi di stampa in tipografia. Per cui, il comando per convertire il testo in tracciati, ha se vogliamo, in Illustrator CS3, una valenza diversa. Il comando è immediato e veloce: basta selezionare un blocco di testo con lo strumento *Selezione* ed impartire il comando *Testo > Crea contorno*.

Fig. 7.28 – Conversione di un testo in tracciati.

NOTA – Durante la conversione in tracciati, vengono mantenuti inalterati anche gli eventuali stili locali (grassetti, corsivi, ecc.) impostati nel carattere.

Utilizzo dei font OpenType

Uno dei principali problemi che riscontrano gli utenti di FreeHand MX è l'alterazione dei tipi di carattere impostati nel documento, quando questo viene riaperto su un computer diverso. A volte la diversità può essere limitata ad una diversa configurazione dei font, per cui basta installare i caratteri mancanti. Ma altre volte si può trattare di piattaforme diverse, e per quanto sia possibile trovare font identici tra i due sistemi, si verificano molto spesso modifiche a livello di flusso del testo. In questo scenario, dotarsi dei font OpenType può essere la soluzione definitiva. Questi usano un unico file compatibile sia con Mac, sia con Windows. In questo modo è possibile trasferire il proprio documento da una piattaforma all'altra senza incorrere in problemi di sostituzione dei font o di impaginazione del testo.

In Illustrator CS3 è presente un pannello dedicato ai font OpenType che si attiva con il comando *Finestra > Testo > Opentype*.

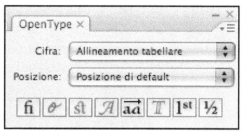

Fig. 7.29 – Il pannello *OpenType*.

Da questo pannello è possibile impostare tutta una serie di regole che sono proprie dei font OpenType, come includere un set di caratteri espansi e funzioni di layout per un più ampio supporto linguistico e un maggiore controllo tipografico.

NOTA - I font OpenType possono essere usati assieme con i normali font PostScript Type 1 e TrueType.

Generare finto testo latino

Questo argomento non è legato direttamente ad Illustrator CS3, bensì alla normale attività di un grafico. Ritengo quindi utile segnalarlo. Quando si crea per la prima volta il bozzetto di un depliant o di un manifesto, succede spesso di dover utilizzare del *testo finto* per popolare le zone del layout che ospiteranno i testi veri. In genere si digita a casaccio qualche parola e poi la si ripete fino a colmare lo spazio del testo. Un altra via è quella di inserire del finto testo latino. Esistono molte risorse sul Web con cui è possibile generare testo latino. La più usata dai grafici è *Lorem Ipsum* (www.lipsum.com), un sito Web dal quale è possibile generare porzioni di finto latino da incollare sul proprio documento.

Esistono però anche dei veri e propri software che vengono usati allo scopo. Ne cito uno tra tutti, MacLorem (per Mac) che può essere scaricato dal sito del suo creatore, Dave Ward: www.fika.org/davew/judebear/MacLorem/index.html. Cercando sulla rete è comunque facile trovare anche software analoghi per Windows.

Fig. 7.30 – MacLorem.

Salvare, esportare, stampare

In questo capitolo ci occuperemo di un aspetto su cui Illustrator CS3 è particolarmente "ferrato": l'output dei documenti. L'esportazione e la stampa, sono da sempre punti deboli di FreeHand MX, in particolar modo se nel documento sono compresi effetti raster particolari. Illustrator CS3 garantisce da questo punto di vista risultati davvero elevati, dando al designer la tranquillità di utilizzo di determinati strumenti (come ombre, trasparenze e sfumature) che dovrebbe essere scontate, ma che per molti freehandisti sono invece una tragedia.

Salvare i file

Capita spesso di dover salvare un file in un formato specifico affinché qualcun altro possa stamparlo o continuare a lavorarci. È ovviamente possibile quindi salvare i files di Illustrator CS3 in svariati modi, ma se si vuole mantenere la modificabilità di questi la scelta viene circoscritta a quattro formati principali, ognuno dei quali ha le sue caratteristiche proprie:

> » Il formato nativo AI
> » Il formato PDF
> » Il formato EPS
> » Il formato SVG

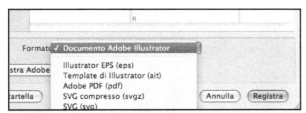

Fig. 8.1 – Il menu di scelta per il formato di salvataggio.

NOTA – Il formato SVG è un linguaggio di visualizzazione per la grafica interattiva, proprietario di Adobe. Nel normale uso di Illustrator CS3 tuttavia, non risulta necessario approfondire la conoscenza di questo linguaggio tranne casi specifici.

Per procedere al salvataggio si impartisce il comando *File > Salva con nome* e si sceglie il formato desiderato.
In tutti i casi, per preservare la modificabilità del file, è necessario attivare l'opzione *Mantieni funzioni di modifica di Illustrator* che viene mostrata nella maschera di definizione delle opzioni.

NOTA – Quando viene selezionata l'opzione *Mantieni funzioni di modifica* durante il salvataggio di un file, Illustrator provvede ad inserire una copia nascosta del file originale, all'interno del documento salvato. Ecco perché poi è possibile modificare nuovamente il file, anche se questo è stato memorizzato in PDF, EPS o SVG. Per questo motivo i file salvati con l'opzione di modifica attiva occupano anche più spazio sul disco.

Salvare un file in formato AI

Il formato di salvataggio nativo è la scelta ideale durante il normale lavoro su un file. Si impartisce il comando *File > Salva con nome* e si sceglie *Illustrator* dal menu a comparsa della finestra di salvataggio. Dopo aver inserito il nome del file si fa clic su OK e viene mostrata la maschera *Opzioni Illustrator*.

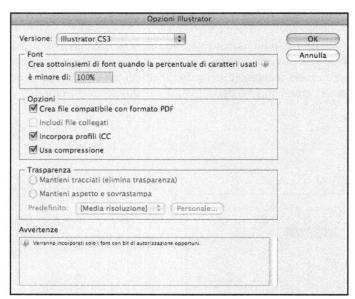

Fig. 8.2 – La maschera di salvataggio per i file AI.

Da qui è possibile impostare numerose opzioni. In primo luogo è possibile definire la *versione* del programma che si vuole usare come formato di salvataggio. Sono disponibili tutte le versioni CS (CS, CS2, CS3) e tutte le precedenti versioni del software (dalla 3 alla 10). Le restanti opzioni sono:

» **Crea file compatibile con formato PDF**
Questa opzione rende il file AI compatibile con il formato PDF e permette quindi di rileggere il file anche con *Adobe Reader* o *Adobe Acrobat Professional*

» **Includi file collegati**
Questa funzione è molto simile al comando *EMBED* che si usa in FreeHand MX, quando si vuole incorporare un'immagine importata all'interno del documento. Attivandola, le eventuali immagini inserite nel documento, vengono incorporate nel file, che ovviamente cresce di dimensione.

» **Incorpora profili ICC**
Permette di inserire all'interno del file il profilo di colore predefinito. È molto importante ricordarsi di abilitare questa opzione, specialmente quando il file è destinato ad un altro computer, o alla stampa.

» **Usa compressione**
Comprime i dati nel documento per creare un file più leggero.

NOTA – Le opzioni di trasparenza definiscono invece come devono essere gestiti oggetti trasparenti se si salva il documento in una versione precedente alla 9.0.

Incorporare i caratteri

Una cosa da considerare quando si condivide un documento con altre persone è la facoltà di incorporare in questo i caratteri che sono stati usati per il progetto. In questo modo si da la possibilità a chiunque di modificare, visualizzare e stampare correttamente il file, anche se non dispone dei caratteri necessari. Attivando l'opzione *Crea sottoinsiemi di font incorporati quando la percentuale di caratteri usati è minore di* si imposta un criterio ad-hoc per il documento: per esempio, se un font contiene 1,000 caratteri ma il documento ne usa solo 10, il font non viene incorporato perché tutto il font potrebbe aumentare troppo le dimensioni del file.

NOTA – La creazione ed il salvataggio di *Template* è spiegata a Pag. 35.

Salvare un file in formato PDF

Il formato PDF è indicato per moltissime condizioni di utilizzo. La maschera di salvataggio è ricca di opzioni che permettono di creare sia un PDF a bassa risoluzione, adatto al Web, sia un PDF esecutivo pronto per la stampa. Per procedere si impartisce il comando *File > Salva con*

nome e si sceglie *Adobe PDF* dal menu a comparsa della finestra di salvataggio. Vediamo ora da vicino la maschera *Salva Adobe PDF*.
Questa maschera è organizzata in sette principali categorie:

» **Generale**
   È la categoria in cui si impostano le opzioni base.
» **Compressione**
   Permette di definire il livello di compressione per le immagini e gli elementi vettoriali
» **Indicatori e pagine al vivo**
   Da qui vengono impostate le opzioni per la stampa *offset*, come l'*abbondanza*, i *segni di taglio*, i *crocini*, ecc.
» **Output**
   In questa categoria vengono definite le regole per la gestione dei profili colore
» **Avanzate**
   Per l'incorporazione dei font e la gestione della sovrastampa
» **Protezione**
   Permette in inserire una password nel documento che ne impedisce l'apertura
» **Riepilogo**
   È una sezione di riepilogo di tutte le impostazioni predefinite per il salvataggio

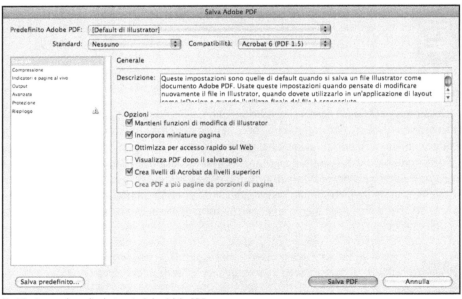

Fig 8.3 – La maschera di salvataggio *Salva Adobe PDF*.

Come si vede, le opzioni che possono essere impostate per ogni singola categoria sono davvero molte; descriverle una per una porterebbe via troppo tempo, per cui dedichiamoci ad illustrare quali sono le preimpostazioni base di salvataggio, presenti nel menu a comparsa *Predefinito Adobe PDF*.

Salvare un file PDF standard

Se si sceglie la voce *Default di Illustrator* dal menu a comparsa *Predefinito Adobe PDF,* viene prodotto un file PDF, compatibile con Illustrator, che può tranquillamente essere modificato al pari di qualunque file .AI. Questo formato è utile se si deve inviare un documento a qualcuno, che deve visualizzarlo con Acrobat Reader, e sul quale si deve poi intervenire con Illustrator CS3. Scorrendo rapidamente le categorie si nota che questo metodo non contempla la compressione di immagini e grafica vettoriali, come si vede in Fig. 8.4. Inoltre, nella categoria *Output* non vengono gestiti i profili di colore.

Compressione

Immagini bitmap a colori

| Nessun downsampling | 150 | ppi per immagini superiori a | 225 | pp |

Compressione: ZIP   Dimensione porzione: 128

Qualità immagine: 8 bit

Immagini bitmap a scala di grigio

| Nessun downsampling | 150 | ppi per immagini superiori a | 225 | pp |

Compressione: ZIP   Dimensione porzione: 128

Qualità immagine: 8 bit

Immagini bitmap monocromatiche

| Nessun downsampling | 300 | ppi per immagini superiori a | 450 | pp |

Compressione: ZIP

☑ Comprimi testo e grafica al tratto

Fig. 8.4 – Dettaglio della categoria *Compressione*: per un file PDF standard non viene applicata la compressione.

NOTA – La versione PDF per il salvataggio standard è la 6.0. In questo modo, anche chi non ha una versione recente di Adobe Reader sarà in grado di visualizzare il file. Volendo è possibile modificare questo valore dal menu a comparsa *Compatibilità*. Così facendo si applica una modifica al formato standard che viene evidenziata dalla voce *Modificato* presente nel menu a comparsa *Predefinito Adobe PDF* (Fig. 8.5)

[Default di Illustrator] (Modificato)

Nessuno   Comp

Fig 8.5 – La modifica di un *predefinito* viene mostrata accanto al suo nome nel menu a comparsa *Predefinito Adobe PDF*.

NOTA – Dal menu *Standard* è possibile scegliere lo standard PDF/X desiderato. Nella maggior parte dei casi questo menu può essere ignorato. PDF/X è uno standard ISO per lo scambio di contenuti grafici e flussi di lavoro professionali. Lo standard PDF/X, presente in cinque diverse varianti, influisce sulla generazione del PDF, con lo scopo di creare un documento che soddisfi alcuni requisiti imposti da un determinato tipo di stampa.

Salvare una parte del documento in PDF

Lo strumento *Area di ritaglio* viene normalmente usato per definire l'area di stampa del documento, lo vedremo più avanti nel testo. Può però essere usato anche per circoscrivere l'esportazione del PDF ad una zona specifica del documento. Si procede così:

> » Usa lo strumento *Area di ritaglio* per definire una zona da esportare
> » Impartisci il comando *File > Salva con nome,* scegli il formato PDF
> » Scegli le opzioni di salvataggio e fai clic su *Salva PDF*

Il file PDF che viene generato è solo una parte del documento originale, e corrisponde all'area di ritaglio impostata.

Fig. 8.6 – Salvataggio con lo strumento *Area di ritaglio.*

Salvare un file PDF per stampe laser o a getto d'inchiostro

La voce *Stampa di alta qualità* è indicata in tutti i casi in cui bisogna stampare un bozzetto del documento, su una stampante laser o a getto di inchiostro. Questo predefinito modifica alcune impostazioni. Nella categoria *compressione* per esempio, viene abilitata la compressione JPEG, con la qualità massima, al fine di preservare il più possibile pixel e colori delle immagini. Poiché questo predefinito è per la stampa, la risoluzione grafica della immagini viene portata a 300 DPI, per tutte le immagini che superano i 450 DPI. È ovviamente possibile intervenire manualmente sui valori preimpostati, cambiandone i rapporti. Oltre alle immagini vediamo che viene attivata l'opzione *Comprimi testo e grafica al tratto*, che influenza, appunto anche gli elementi vettoriali del documento.

Compressione

Immagini bitmap a colori
Downsampling bicubico a [ ] [300] ppi per immagini superiori a [450] ppi
Compressione: [Automatica (JPEG)] Dimensione porzione: [128] pixel
Qualità immagine: [Massima]

Immagini bitmap a scala di grigio
Downsampling bicubico a [ ] [300] ppi per immagini superiori a [450] ppi
Compressione: [Automatica (JPEG)] Dimensione porzione: [128] pixel
Qualità immagine: [Massima]

Immagini bitmap monocromatiche
Downsampling bicubico a [ ] [1200] ppi per immagini superiori a [1800] ppi
Compressione: [CCITT Gruppo 4]

☑ Comprimi testo e grafica al tratto

Fig. 8.7 – La categoria *Compressione* del predefinito *Stampa di alta qualità*.

NOTA – Il predefinito *Stampa di alta qualità* non contempla la gestione del colore. In effetti, la categoria *Output* non mostra alcuna modifica. Questo è in parte giusto, poiché si ipotizza che le stampanti usate siano rivolte al mercato *consumer*. Può però capitare di dover produrre un file per una stampante a getto d'inchiostro ad alta qualità. In questo caso sarebbe auspicabile attivare la gestione del colore, per fare in modo che ci sia piena corrispondenza tra ciò che viene visualizzato sul monitor e ciò che verrà stampato.

Salvare un file PDF per la stampa tipografica

La voce *Qualità tipografica* è specifica per la stampa tipografica. In pratica questa voce permette di impostare un vero e proprio *esecutivo di stampa* da inviare alla tipografia. La principale differenza rispetto alla *stampa di alta qualità* è l'attivazione delle opzioni relative alla gestione del colore, nella categoria *Output*.

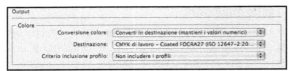

Fig. 8.8 – La categoria *Output* nel predefinito *Qualità tipografica*.

Nella figura 8.8 si vede una impostazione tipica. Il menu *conversione colore* permette di operare tre scelte diverse:

» **Nessuna conversione**
  Non viene gestito il colore (assolutamente da non selezionare, specialmente se si produce un esecutivo per la stampa)
» **Converti in destinazione (mantieni i valori numerici)**
  I colori vengono convertiti nello spazio del profilo di destinazione solo se differiscono rispetto a questo. Tutti gli elementi sforniti di profilo (grafica al tratto e testi) non vengono convertiti e i valori numerici dei loro colori vengono mantenuti intatti
» **Converti in destinazione**
  Tutti i colori (anche quelli di grafica al tratto e testi) vengono convertiti nel profilo di destinazione. Questo può causare dei cambiamenti indesiderati nei valori numerici di oggetti senza profilo o campioni di colore

NOTA – L'opzione *Converti in destinazione* è quella generalmente più indicata per la stampa tipografica, salvo esigenze particolari.

Indicatori di taglio e crocini

Nella preparazione di un file PDF per la tipografia, grande importanza ricopre l'impostazione dei riferimenti per la stampa, come i *segni di taglio*, i *crocini*, l'*abbondanza*, ecc. Nella categoria *Indicatori e pagine al vivo* è possibile definire tutti questi aspetti. Ciò di cui sto parlando in genere fa parte delle conoscenze di base di ciascun grafico, per cui, invece di descrivere ogni singola opzione è bene illustrare come utilizzare velocemente queste opzioni. Il modo più rapido è quello di attivare l'opzione *Tutti i segnali di stampa*; in questo modo vengono abilitati automaticamente i *rifili*, i *crocini di registro*, le *barre di colore* e le *informazioni di pagina*. Nel caso in cui alcune di queste opzioni non servano è sufficiente disattivarle. Lo spessore dei *rifili* può essere impostato scegliendolo dal menu a comparsa *Spessore rifili*, mentre il loro *scostamento* rispetto alla pagina al vivo si imposta liberamente nella casella *Scostamento*.

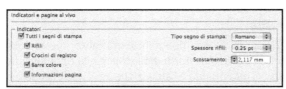

Fig. 8.9 – Dettaglio della categoria *Indicatori e pagine al vivo*.

L'abbondanza

Il valore di abbondanza viene impostato nella sezione *Pagine al vivo* della stessa categoria. Ogni lato del documento può avere un'abbondanza diversa. Facendo clic sul pulsante a forma di catena, vengono vincolati tra loro tutti i quattro lati, per cui ogni valore immesso viene esteso a tutti gli altri.

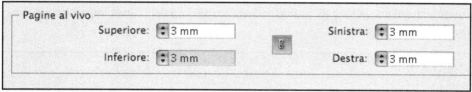

Fig. 8.10 – Dettaglio della sezione *Pagine al vivo* per l'impostazione dell'abbondanza.

 NOTA - L'unità di misura rispecchia quella impostata nel documento. È però possibile modificarla "al volo". Per esempio, se si intende inserire un valore di abbondanza in pixel, è sufficiente inserire il valore numerico, seguito dalla parola "px". Illustrator CS3 effettua una conversione che riporta nell'unità di misura predefinita l'equivalente dei pixel.

Quanto appena descritto serve però a definire come dovrà essere gestita l'abbondanza, ma non la crea automaticamente. In effetti, come in FreeHand MX, l'abbondanza viene creata manualmente intorno al documento. Tutti gli elementi grafici che arrivano al *bordo pagina* devono essere prolungati di alcuni millimetri, sulla base delle indicazioni dello stampatore. Per esempio, con un valore di abbondanza di 3 millimetri, un rettangolo che arrivi al bordo pagina, deve essere esteso di almeno 3 millimetri.

Fig. 8.11 – Esempio di creazione dell'abbondanza in un documento.

Salvare un file PDF per Web e email

La voce *Dimensione file minime* serve per ottenere un file PDF estremamente leggero, che può essere inviato via email, o caricato su un sito Web per il download. La differenza sostanziale di questo predefinito la ritroviamo ovviamente nella categoria *Compressione*, dove la risoluzione grafica delle immagini viene abbassata a 100 DPI. In questo modo, qualunque fotografia, anche molto pesante, diventa estremamente leggera, a fronte ovviamente, di una perdita di qualità, derivata anche dal valore *Bassa* impostato nel menu *Qualità dell'immagine*.

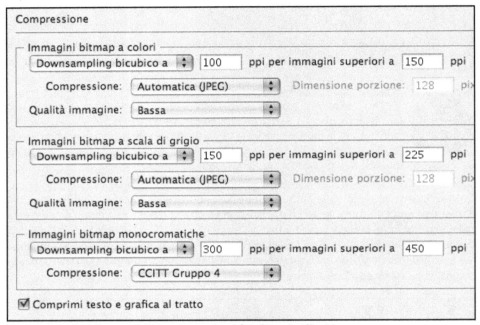

Fig. 8.12 – Dettaglio della categoria *Compressione* per il predefinito *Dimensioni file minime*.

NOTA – In genere un PDF così leggero viene creato per scopi di visualizzazione sul video. Per questo motivo, nella categoria *Output* la gestione del colore viene impostata sul profilo sRGB IEC61966-2.1 che è tipico per la rappresentazione di immagini RGB a video.

Salvare un file in formato EPS

Il formato EPS (*Encapsulated Postscript*) è ampiamente usato nel campo della grafica editoriale. Il formato EPS mantiene molti degli elementi grafici che si possono creare con Illustrator CS3, e può essere riaperto e modificato da un altro utente. Poiché i file EPS sono basati sul linguaggio *PostScript*, possono contenere contemporaneamente sia grafica vettoriale sia immagini.

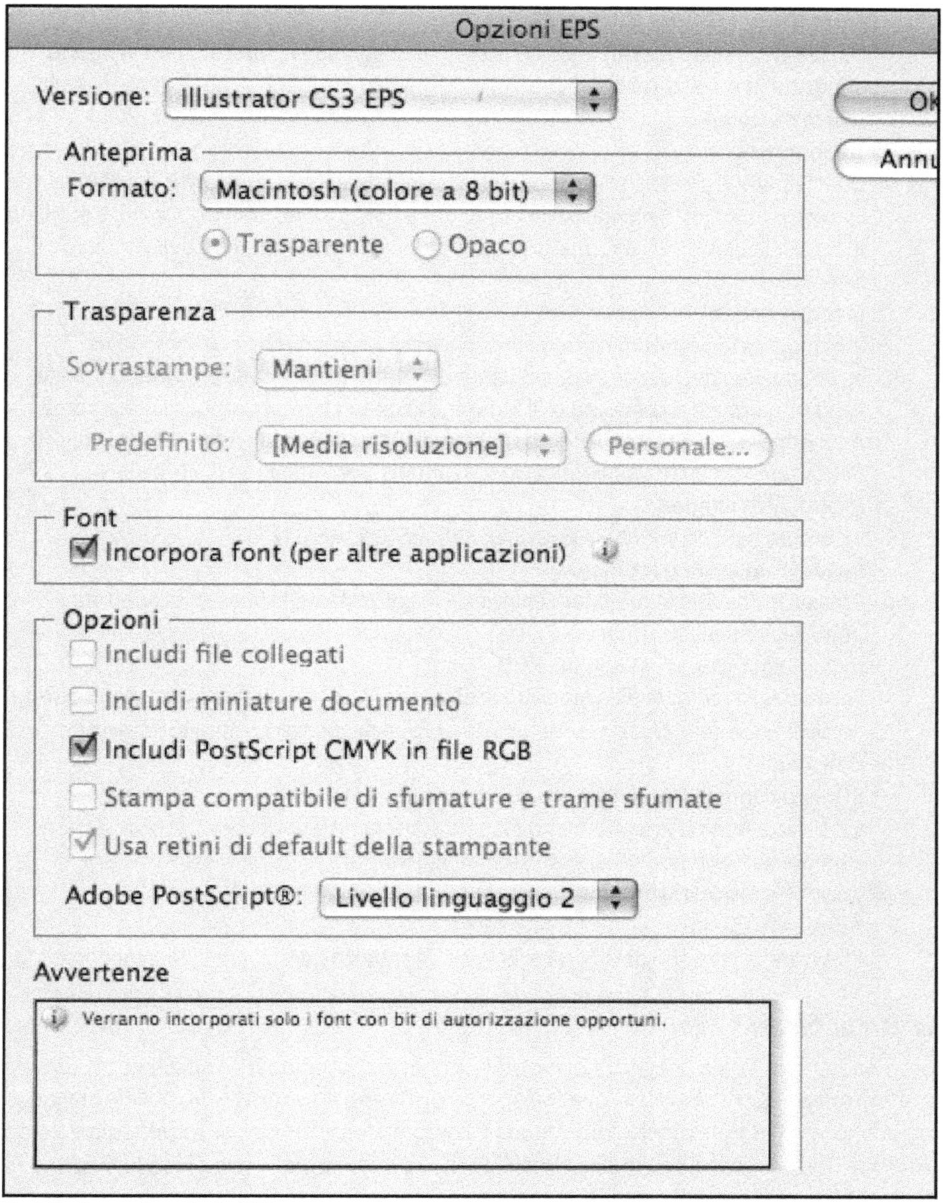

Fig. 8.13 – La maschera *Opzioni EPS*.

Nella maschera *Opzioni EPS* è possibile decidere come il file dovrà essere salvato, impostando alcune opzioni:

> » **Versione**
> Al pari di quanto avviene con il salvataggio standard di Illustrator, è possibile decidere la versione in cui si intende salvare il file.

» **Formato**
Nei file EPS è possibile definire un'anteprima di visualizzazione, quando vengono importati in un documento. È possibile scegliere un formato di anteprima in bianco e nero o a colori

» **Trasparenza**
Questa parte è pressoché identica a quella del salvataggio standard e determina come saranno gestite le trasparenze nel documento. Le opzioni disponibili cambiano in base alla versione del formato selezionato nella parte superiore della finestra di dialogo

» **Incorpora font**
Incorpora tutti i caratteri compresi nel documento (quelli che contengono le autorizzazioni necessarie del produttore del font). In questo modo il font originale verrà visualizzato e stampato se il file viene inserito in un'altra applicazione, come Adobe InDesign. Se però il file viene aperto in Illustrator su un computer sprovvisto del carattere, questo viene simulato o sostituito, per impedirne l'uso illegale

» **Includi file collegati**
Incorpora nel documento le eventuali immagini contenute

» **Includi miniature documento**
Crea un'immagine in miniatura che viene visualizzata nelle finestre di apertura e importazione di Illustrator

» **Includi PostScript CMYK in file RGB**
Permette di stampare file con colori RGB da applicazioni che non supportano questa modalità di colore. Quando si riapre il file EPS in Illustrator, i colori RGB vengono ripristinati

» **Stampa compatibile di sfumature e trame sfumate**
È indicato per le stampanti meno recenti: consente di stampare sfumature e trame sfumate convertendo gli oggetti sfumati nel formato JPEG. Se si attiva questa opzione il processo di stampa può rallentare sensibilmente

» **Adobe PostScript®**
Stabilisce la versione del linguaggio PostScript usato per salvare il documento

Salvare un file per il Web

Il comando *File > Salva per Web e dispositivi* permette di ottimizzare il documento corrente prima di salvarlo per il Web. Nella maschera *Salva per Web e dispositivi* è possibile visualizzare più anteprime del documento, con fattori di compressione, formati di salvataggio e colori diversi tra loro. Per esempio, se si fa clic sull'etichetta *4 immagini* viene diviso lo schermo in quattro parti, ognuna delle quali è una rappresentazione del documento (di una sua parte). Per confrontare tra loro più soluzioni si procede così:

» Fai clic su un riquadro qualuque tra i quattro presenti
» Apri il menu a comparsa *Predefinito* sulla destra e scegli un formato predefinito
» Definisci le eventuali ulteriori opzioni per il formato prescelto
» Quando hai terminato fai clic su un altro riquadro e ripeti l'operazione, scegliendo un altro predefinito

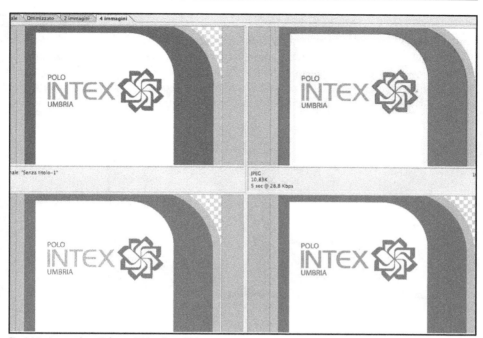

Fig. 8.14 – La maschera *Salva per Web e dispositivi.*

Al termine di tutte le operazioni si avranno quattro diverse impostazioni della medesima immagine, con valori di compressione, colori e metodi di salvataggio diversi tra loro. A questo punto è possibile scegliere il riquadro che più ci soddisfa, sia dal punto di vista della qualità, sia dal punto di vista della dimensione in byte, che viene mostrata in basso a sinistra, sotto ogni riquadro. Per confermare l'esportazione si fa quindi clic sul pulsante *Salva*.

Esportare i file

Illustrator CS3 è in grado di esportare i documenti in svariati formati, sia vettoriali, sia bitmap, tramite il comando *File > Esporta*. Nella maschera di esportazione è sufficiente aprile il menu a comparsa *Formato* scegliendo quello più adatto. I principali formati vettoriali sono:

» **Disegno AutoCAD (DWG) e File di interscambio AutoCAD**
  Per l'esportazione verso programmi di architettura compatibili con AutoCAD
» **Enhanced Metafile (emf)**
  Viene usato in applicazioni Windows come Microsoft Word e Powerpoint
» **Flash (swf)**
  Per trasferire un documento su Adobe Flash

ATTENZIONE – L'esportazione è un'attività specifica per scopi ben precisi. Non bisogna usarla al posto dei normali comandi di salvataggio, poiché si perde spesso la capacità di modificare il file originale.

Compatibilità tra Illustrator CS3 e Flash CS3

Oltre a poter esportare un documento in formato Flash CS3, è possibile fare il *copia/incolla* di qualunque elemento tra i due programmi. Il grosso vantaggio è che durante la copia di oggetti vettoriali, questi mantengono inalterate le proprie caratteristiche originali, quali *livelli, simboli, opacità, maschere di ritaglio*, alcuni *effetti* e molto altro ancora. Le medesime caratteristiche sono preservate anche nel caso in cui un documento di Illustrator CS3 venga importato in Flash CS3.

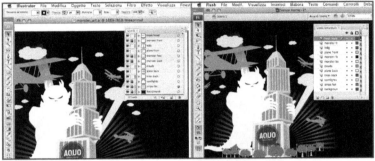

Fig. 8.15 – Confronto tra elementi copiati da Illustrator CS3 a Flash CS3: la maggior parte delle caratteristiche vengono preservate.

Il grado di compatibilità tra Illustrator e Flash è una novità di Adobe CS3 che rende molto più semplice ed integrato il flusso di lavoro, dalla carta al Web.

Esportare un file TIFF

Tra i vari formati di esportazione bitmap di Illustrator CS3 figura il formato TIFF. Rispetto a FreeHand MX è possibile impostare qualche opzione aggiuntiva. Per esempio, si può definire il *Metodo di colore*, scegliendo tra *RGB, CMYK* o *Scala di grigio*. Oltre questo è poi possibile incorporare nel TIFF il *profilo ICC* correntemente usato nel documento.

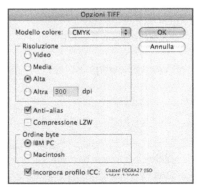

Fig. 8.16 – La maschera *Opzioni TIFF*.

//

La gestione del colore di FreeHand MX durante l'esportazione di un file TIFF è molto scadente se paragonata ad Illustrator CS3. In effetti, i file esportati da FreeHand MX sono sempre RGB e non contengono alcun profilo di colore. Illustrator CS3 invece permette già di scegliere il metodo CMYK, oltre a poter inserire subito un profilo colore. In questo modo, l'immagine TIFF generata è già pronta per essere stampata.

Esportare un file JPEG

L'esportazione JPEG è adatta per la produzione di elementi grafici da inviare via mail o da utilizzare su un sito Web. Le impostazioni base disponibili nella maschera *Opzioni JPEG* sono tipiche, ma anche in questo caso, fa piacere ritrovare la possibilità di scegliere il *modello colore* (RGB, CMYK o Scala di grigio) oltre alla possibilità di incorporare un profilo di colore.

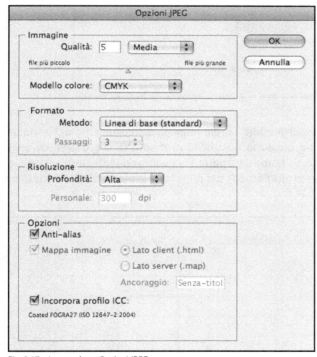

Fig. 8.17 – La maschera *Opzioni JPEG*.

Esportare un file PSD

Illustrator CS3 va "a braccetto" con il suo fratello maggiore Photoshop. Con questo condivide moltissime tecnologie a livello di editing; basti pensare ai *livelli*, alle *maschere* e agli *effetti raster*. Nell'esportare un documento di Illustrator CS3 per Photoshop, ci si può avvalere di alcune opzioni che permettono un grado di modificabilità elevatissimo anche in Photoshop.

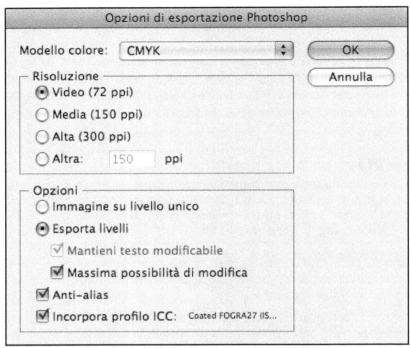

Fig. 8.18 – La maschera *Opzioni di esportazione Photoshop*.

In particolar modo è possibile esportare tutti i *livelli* originali del documento di Illustrator CS3, oltre ad impostare l'opzione *Massima possibilità di modifica*, che trasferisce ogni sottolivello principale su un livello di Photoshop a parte. Per quanto riguarda i testi è possibile specificare l'opzione *Mantieni testo modificabile* per preservare la modificabilità dei testi in Photoshop.

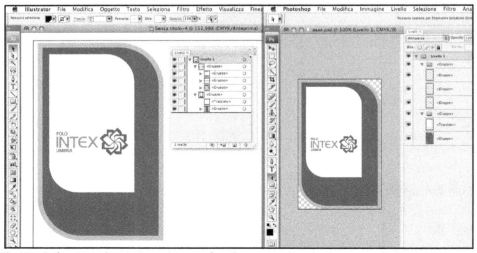

Fig. 8.19 – Confronto tra applicativi: gli stessi elementi grafici in Illustrator CS3 e Photoshop CS3, si notino i livelli.

ATTENZIONE – Gli elementi vettoriali esportati in formato PSD vengono rasterizzati, perdendo la capacità di essere modificati in Photoshop. Per ovviare a questo problema è possibile fare copia/incolla tra i due applicativi. Nel momento in cui si incolla il documento in Photoshop, viene presentata una maschera per la scelta del tipo di oggetto. Scegliendo *Oggetto avanzato* o *Tracciato* vengono mantenute le informazioni vettoriali.

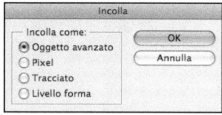

Fig. 8.20 – La maschera di scelta che appare quando si copia un documento da Illustrator CS3 a Photoshop CS3.

Esportare un file PNG

Il formato PNG è usato ampiamente in Fireworks CS3, il software di Adobe per la creazione di layout per il Web. Grazie alla sua doppia "anima" bitmap e vettoriale, la grafica di un file PNG di Fireworks CS3 può essere modificata come in Illustrator CS3, mantenendo però la visualizzazione per pixel, propria dei software per la creazione di siti Web. Da Illustrator CS3 è possibile esportare elementi grafici in formato PNG, ma si perde purtroppo la parte vettoriale del disegno che viene convertito in un unica immagine bitmap. Non è infatti possibile neanche preservare i *livelli* come invece avviene con l'esportazione *PSD*.

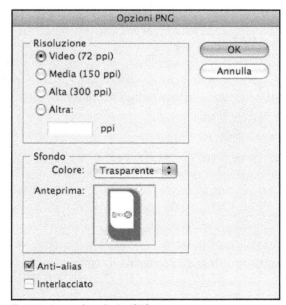

Fig. 8.21 – La maschera *Opzioni PNG*.

NOTA – Per esportare elementi grafici da Illustrator CS3 a Fireworks CS3 è preferibile usare il formato PSD, che Fireworks riconosce senza grossi problemi. In questo modo, vengono preservati livelli, effetti e molte altre caratteristiche originali.

Stampare i file

Ho già elogiato altre volte Illustrator CS3 per le sue qualità di stampa. In effetti, una delle prime cose che salta all'occhio dopo un pò che lo si utilizza è come, anche progetti complessi ricchi di trasparenze, sfumature e altro ancora, vengano stampati senza quasi il minimo problema. Insomma, si ha quasi la certezza che la grafica realizzata con Illustrator CS3 verrà sempre stampata così come è stata creata.

La maschera di stampa

Le impostazioni per la stampa di Illustrator CS3 sono simili a quelle di FreeHand MX, salvo avere diverse opzioni in più. Le categorie che si trovano nella parte sinistra della maschera sono quasi del tutto identiche a quelle del salvataggio PDF, il che rende ancor più semplice definirne le opzioni. Queste sono così organizzate:

» **Generale**
Da qui si scelgono le dimensioni e l'orientamento della pagina, il numero di pagine da stampare, i livelli da stampare

» **Imposta**
Qui si specifica come ritagliare il documento, modificarne la posizione, specificare come stampare un disegno in *tiling* (che non rientra nel singolo documento)

» **Indicatori e pagine al vivo**
Permette di selezionare segni di stampa, crocini, rifili, ecc.

» **Output**
Specifico per la stampa tipografica, permette di definire l'*emulsione*, il numero di colori da stampare, la sovrastampa e altro ancora

» **Grafica**
Serve per definire le opzioni di stampa per tracciati, caratteri, sfumature, trame e fusioni, ecc.

» **Gestione colore**
Per impostare i profili colore per la stampa

» **Avanzate**
Gestisce la conversione e rasterizzazione della grafica vettoriale in stampa

» **Riepilogo**
Mostra il riepilogo delle impostazioni di stampa

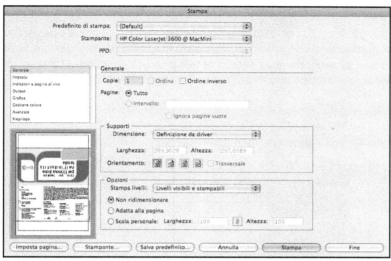

Fig. 8.22 – La maschera di stampa.

Attenzione agli effetti raster

Ne abbiamo già parlato nel secondo capitolo, ma vale la pena ribadirlo. Prima di stampare un documento che contiene effetti raster, trasparenze ed altro, è necessario impostare correttamente la risoluzione di rasterizzazione. In Illustrator la gestione degli effetti si imposta con il comando *Effetto > Impostazione effetti raster del documento*. È necessario ricordarsi che per la stampa il valore da immettere è sempre 300 DPI. Invece, mentre si lavora sul documento è bene impostare la risoluzione degli effetti raster a 72 DPI, per evitare che il computer si appesantisca durante l'elaborazione di un progetto grafico complesso.

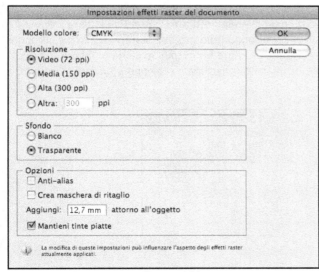

Fig. 8.23 – La maschera *Impostazioni effetti raster del documento*.

Convertire le trasparenze

Se sono stati usati degli effetti di trasparenza su oggetti presenti nel documento è necessario *convertirli* prima di procedere con la stampa, altrimenti la qualità del risultato potrebbe essere compromessa. Per verificare quali oggetti necessitano di essere convertiti si usa la finestra di *anteprima conversione trasparenza*. Si procede in questo modo:

> » Impartisci il comando *Finestra > Anteprima conversione trasparenza*
> » Nella maschera che si apre fai clic su *Aggiorna*
> » Scegli la voce *Oggetti trasparenti* dal menu *Evidenzia*

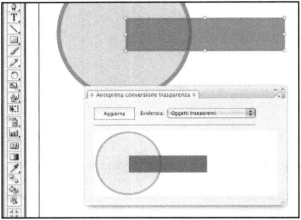

Fig. 8.24 – Nella maschera *Anteprima conversione trasparenza* vengono evidenziati in rosso gli oggetti che devono essere convertiti.

A questo punto bisogna selezionare gli oggetti che sono stati precedentemente evidenziati e impartire il comando *Oggetto > Converti trasparenza*. Viene visualizzata la maschera *Converti trasparenza*; qui è possibile impostare tutti i parametri per la conversione. Un metodo rapido di scelta è quello di usare le preimpostazioni presenti nel menu *Predefiniti*. Si usa *Alta risoluzione* nel caso in cui bisogna produrre una stampa tipografica, oppure si scelgono le altre due voci, se bisogna produrre un output su stampanti laser o a getto d'inchiostro. È molto importante ricordarsi di selezionare l'opzione *Mantieni trasparenza alfa* per preservare la trasparenza.

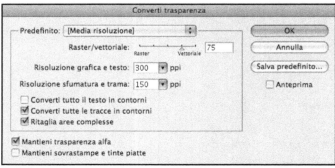

Fig. 8.25 – La maschera *Converti trasparenza*.

Usare lo strumento Pagina

Lo strumento *Pagina* è una particolarità di Illustrator CS3, cerchiamo di capirne il funzionamento. L'area di lavoro di Illustrator CS3 può essere grande fino a 576,6 x 576,6 centimetri. All'interno di quest'area è possibile creare quindi un documento di qualunque dimensione, purché non superi i valori massimi. Possiamo quindi creare un documento molto grande su cui impaginiamo diversi materiali. Quando però andiamo in stampa, sarebbe utile poter identificare solo una parte di questo grande documento, scegliendo un formato standard come ad esempio un A4 o un A3. La cosa è in realtà molto semplice: immaginiamo di aver creato un documento di 100x100 cm, pieno di elementi grafici, e di voler stampare solo una parte di questo, nel formato A4. Si procede così:

» Impartisci il comando *File > Stampa*
» Nella maschera di stampa scegli il formato A4 dal menu *Dimensione*
» Fai clic su *Fine*
» Seleziona lo strumento *Pagina* (accessibile dallo strumento *Mano*, nella barra degli strumenti)
» Sposta l'area di stampa a piacimento con un clic o con clic + trascina.

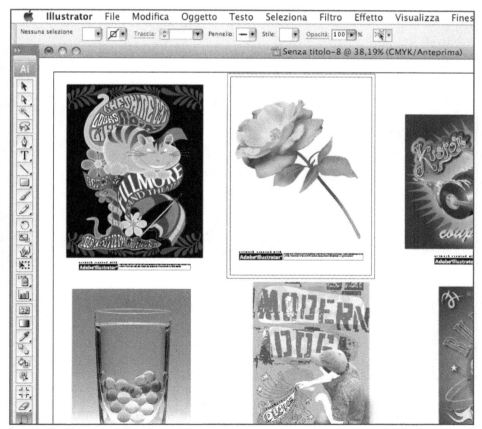

Fig. 8.26 – Riposizionamento dell'area di stampa.

A questo punto, se impartisci nuovamente il comando di stampa (*File > Stampa*) l'area di stampa selezionata verrà usata come area di stampa effettiva.

Usare lo strumento Area di ritaglio

Abbiamo già accennato nelle precedenti pagine allo strumento *Area di ritaglio*. Questo strumento è utile per stampare o esportare solo una parte di un documento. Questo strumento può essere usato indistintamente sia per la stampa sia per il Web. Per stampare solo una parte di un documento si procede in questo modo:

> » Seleziona lo strumento *Area di ritaglio*
> » Evidenzia una parte del documento che vuoi stampare con clic + trascina
> » Fai clic su un altro strumento qualunque

Fig. 8.27 – Impostazione dell'area di ritaglio.

L'area di ritaglio viene definita, e perché sia chiaro qual'è, vengono inseriti dei *segni di taglio* intorno a questa. A questo punto è possibile anche ridimensionarla, selezionando

nuovamente lo strumento *Area di ritaglio* e trascinando i punti di ancoraggio perimetrali.
Per poter impostare correttamente la stampa dell'area di ritaglio si procede così:

> » Impartisci il comando *File > Stampa*
> » Scegli la categoria *Imposta*
> » Apri il menu a comparsa *Ritaglia disegno secondo*
> » Scegli la voce *Area di ritaglio*
> » Fai clic su *Stampa*

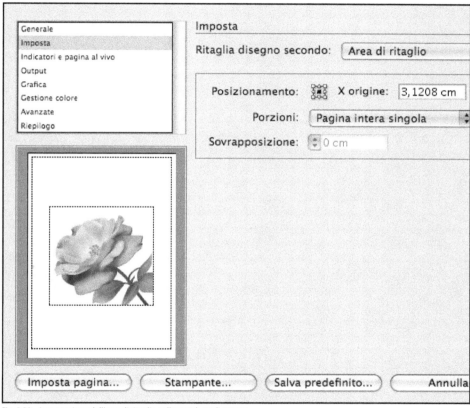

Fig. 8.28 – Impostazione dell'area di ritaglio nella maschera di stampa.

Approfondimenti

Questo capitolo raccoglie molti argomenti legati sia alle nuove funzionalità di Illustrator CS3, sia alle metodologie più corrette per fare ciò che siamo abituati a fare in FreeHand MX: dalla creazione di varianti di colore, al 3D, alla creazione di contenuti per il mondo dei cellulari, e molto altro ancora.

Il "look" degli oggetti: il pannello Aspetto

In FreeHand MX siamo abituati ad utilizzare costantemente il pannello *Oggetto* per mutare le fattezze di qualunque elemento grafico, sia esso una forma, un tracciato oppure un'immagine. In Illustrator CS3 questo ruolo viene ricoperto in piccola parte dalla *barra di controllo* e in modo molto più profondo dal pannello *Aspetto*. Come dice il nome, in questo pannello vengono inserite tutte le opzioni e modifiche che determinano il cambio di "aspetto" di qualunque oggetto. Potremmo quasi chiamarlo pannello "Trucco"!

Il pannello *Aspetto* si apre con il comando *Finestra > Aspetto*. Da qui possiamo visualizzare e regolare gli attributi di qualunque oggetto selezionato: i *riempimenti* e i *contorni* sono posizionati in ordine di priorità, coerentemente con l'oggetto da cui derivano. Anche gli *effetti* seguono una logica prioritaria: sono elencati dall'alto in basso nell'ordine in cui sono applicati agli oggetti.

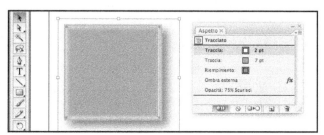

Fig. 9.1 – Gli attributi di un oggetto selezionato, nel pannello *Aspetto*.

Quando viene modificato un oggetto, come un cambio di colore, l'applicazione di un effetto, o qualunque altra cosa, gli attributi elencati nel pannello *Aspetto* cambiano coerentemente. È poi possibile modificarli direttamente in questo pannello, cambiandone la priorità, specificando valori diversi, o persino annullandoli. Il pannello *Aspetto* è quindi dotato di una serie di comandi per la gestione degli attributi. Nella tabella 9.1 sono elencati in maniera dettagliata.

Comando	Azione
Nuovo disegno con aspetto base	Se attivato, ogni nuovo oggetto creato eredita lo stesso aspetto di quello selezionato
Mantieni aspetto per nuovo disegno	Se attivato, ogni nuovo oggetto creato basa i suoi attributi su quelli attualmente impostati nei pannelli *Campioni* e *Traccia*
Cancella aspetto	Annulla tutti gli attributi di un oggetto e lo riporta allo stato iniziale: nessun riempimento, nessun contorno
Riduci ad aspetto base	Elimina tutti gli attributi di un oggetto, lasciando solo il *riempimento* e il *contorno*
Duplica elemento selezionato	Crea una copia dell'attributo correntemente selezionato, posizionandolo immediatamente sotto questo
Elimina elemento selezionato	Cancella l'attributo correntemente selezionato

Tab. 9.1 – Comandi del pannello *Livelli*.

Oltre ai comandi del pannello è presente un menu a comparsa dal quale è possibile eseguire alcune altre operazioni. Per creare un nuovo riempimento usando le attuali impostazioni del pannello *Campioni* si sceglie la voce *Aggiungi nuovo riempimento*. Allo stesso modo, per un contorno, si sceglie la voce *Aggiungi nuova traccia*.

Operazioni sugli attributi

Oltre ai comandi di base del pannello *Aspetto*, è possibile intervenire sui singoli attributi in svariati modi, modificandone priorità, e mostrandone ulteriori eventuali dettagli. Nella tabella seguente vengono quindi elencate altre operazioni applicabili agli attributi.

Intento	Comandi
Modificare la priorità visiva di un attributo rispetto ad un altro	Si fa clic + trascina sull'attributo selezionato, spostandolo in alto o in basso, in base alla priorità visiva che gli si vuole attribuire
Visualizzare gli elementi nascosti di un attributo	Si fa clic sul triangolo che appare accanto al nome dell'attributo selezionato
Visualizzare gli attributi di carattere per un testo	Si fa doppio clic sull'attributo *Caratteri* nel pannello *Aspetto*

Tab. 9.2 – Operazioni sugli attributi.

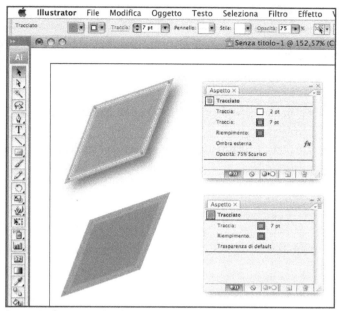

Fig. 9.2 – Confronto tra attributi di un medesimo oggetto.

ATTENZIONE - Prima che venga applicato un nuovo attributo tramite il pannello *Aspetto* è bene specificare se la destinazione è un oggetto oppure un livello. I livelli possono essere selezionati come destinazione mediante il pannello *Livelli*, usando l'icona rotonda che rappresenta la modalità di destinazione. Per gli oggetti e i gruppi invece è sufficiente selezionarli con lo strumento *Selezione*.

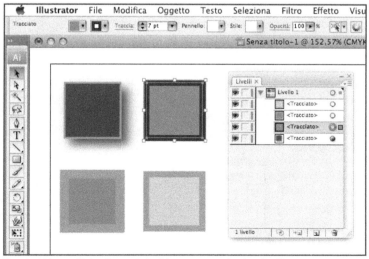

Fig. 9.3 – Nel pannello *Livelli* oggetti e livelli hanno un icona che identifica il loro stato.

Icona	Stato
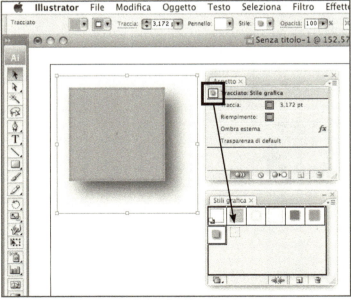	Indica che l'elemento non è impostato come destinazione e non ha attributi di aspetto a parte riempimento e traccia singoli.
	Indica che l'elemento non è impostato come destinazione ma ha degli attributi di aspetto.
	Indica che l'elemento è impostato come destinazione ma non ha attributi di aspetto a parte riempimento e traccia singoli.
	Indica che l'elemento è impostato come destinazione e ha degli attributi di aspetto.

Tab. 9.3 – Simbologia di stato dei livelli.

Creare uno stile di grafica

Dopo aver creato un nuovo aspetto per un oggetto è possibile trasformarlo in uno *stile di grafica*. L'operazione è semplice:

> » Apri i pannelli *Aspetto* (*Finestra > Aspetto*) e *Stili di grafica* (*Finestra > Stili di grafica*)
> » Fai clic + trascina sulla *miniatura* del pannello *Aspetto* portandola nel pannello *Stili di grafica*

A questo punto viene creato un nuovo *stile di grafica* che può essere immediatamente riutilizzato su altri elementi.

Fig. 9.4 – Creazione di un nuovo stile di grafica dal pannello *Aspetto*.

Combinare più stili di grafica

Gli stili di grafica possono essere combinati tra loro, dando vita ad ulteriori stili ancora più complessi. Per combinare due i più stili di grafica si procede così:

> » Seleziona due o più stili di grafica dal pannello *Stili di grafica*, tenendo premuto il tasto *Cmd* o *Ctrl* (Windows)
> » Apri il menu a comparsa del pannello e scegli la voce *Combina stili grafica*
> » Inserisci il nome desiderato nella maschera *Opzioni stile di grafica* e fai clic su *OK*

Il nuovo stile contiene gli attributi di aspetto degli *stili di grafica* selezionati e viene aggiunto al pannello *Stili di grafica*, in fondo all'elenco degli stili.

Fig. 9.5 – Combinazione di più stili di grafica: dettaglio del pannello *Stili di grafica*.

Estrusione tridimensionale di oggetti

Tra le varie novità che spiccarono con il rilascio di FreeHand MX, va citata la capacità di estrudere elementi di grafica, trasformandoli in oggetti tridimensionali, attraverso lo strumento *Estrusione*. Sebbene questo strumento avesse delle ovvie limitazioni, il poterne disporre all'interno del programma, è stata una buona cosa. Illustrator CS3 ovviamente è dotato di questa capacità, che in realtà si spinge ben oltre la semplice estrusione.

Tutti i comandi legati alla gestione degli oggetti tridimensionali si trovano sotto la voce *Effetto > 3D*.

> » Estrusione e smusso
> » Rivoluzione
> » Rotazione

Ognuno di questi comandi (a parte *Rotazione* che viene usato unicamente per ruotare il 3D) crea un oggetto solido, con metodologie diverse, partendo però sempre da elementi grafici piatti (bidimensionali). In fase di trasformazione è possibile controllare l'aspetto del 3D attraverso l'impostazione di *luci, ombre opzioni di rotazione* e altre proprietà. È persino possibile applicare successivamente delle *texture* sui lati di un oggetto estruso. Ovviamente, le fattezze di un oggetto tridimensionale derivano anche dal pannello *Aspetto*, per cui si possono applicare o modificare nuovi effetti da questo pannello, come abbiamo già visto.

NOTA - A volte, gli oggetti 3D possono presentare imperfezioni, ma tali imperfezioni non vengono comunque riprodotte in stampa, né saranno visibili nella grafica ottimizzata per il Web.

Applicare un'estrusione ad un oggetto

L'estrusione è una modalità di creazione degli oggetti tridimensionali, che si basa sull'estensione lungo un asse (Z) di una forma piana, per conferirgli profondità. Un esempio tipico è la creazione di un cilindro, a partire da un cerchio colorato. Si procede in questo modo:

» Disegna un cerchio con lo strumento *Ellisse* attribuendogli un riempimento di colore
» Seleziona l'oggetto creato
» Impartisci il comando *Effetto > 3D > Estrusione e smusso*
» Fai clic sull'opzione *Anteprima* nella maschera *Opzioni di estrusione e smusso 3D*
» Regola la profondità dell'estrusione, con l'opzione *Profondità estrusione*
» Fai clic su OK

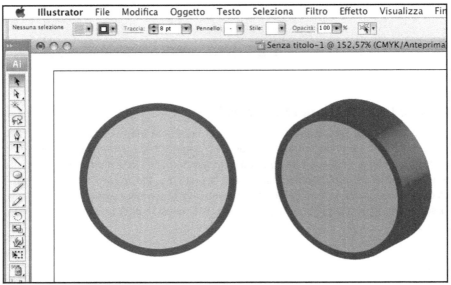

Fig. 9.6 – Estrusione semplice di un cerchio.

///

Illustrator CS3, sebbene molto più avanzato sul versante del 3D rispetto a FreeHand MX, è carente su un aspetto: la condivisione dei punti di fuga. In FreeHand MX è possibile creare due o più oggetti tridimensionali diversi, per poi gestire in maniera uniforme il punto di fuga prospettico facendo sembrare che tutti gli oggetti fanno parte di uno stesso spazio tridimensionale. In Illustrator CS3 questa funzione è assente. La cosa che più assomiglia a questa funzione è la possibilità di ruotare più oggetti tridimensionali in contemporanea (a patto che siano stati creati con un unica selezione), senza però poter condividere un punto di fuga comune.

Modificare un oggetto estruso

Il solido appena creato può subito essere modificato. Se si apre il pannello *Aspetto* e si seleziona il cilindro è facile notare che tra i vari attributi figura anche uno chiamato *Estrusione e smusso 3D*.

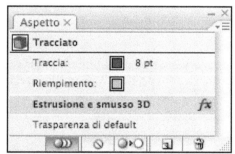

Fig. 9.7 – L'attributo *Estrusione e smusso 3D*, presente nel pannello *Aspetto*.

Questo attributo rientra nella categoria degli *effetti* (di cui parleremo più avanti) e viene identificato dal simbolo "fx" al termine della casella attributo. Per modificare il cilindro si procede quindi facendo doppio clic sull'attributo *Estrusione e smusso 3D*. Viene nuovamente visualizzata la maschera *Opzioni di estrusione e smusso 3D*, diamogli un'occhiata più da vicino.

Questa maschera è organizzata in diverse sezioni, alcune sono visibili subito, altre sono nascoste e si attivano facendo clic sul pulsante *Più opzioni*. Le sezioni principali sono queste:

» **Posizione**
   Dalla quale si determina il modo in cui l'oggetto viene ruotato e la prospettiva di visualizzazione
» **Estrusione e smusso**
   Dedicata alla gestione di profondità dell'oggetto e tipo di smusso
» **Superficie**
   Dal quale è possibile scegliere alcuni tipi di superfici: *opache* e *lucide*

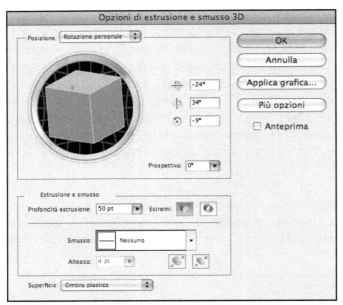

Fig. 9.8 – La maschera *Opzioni di estrusione e smusso 3D*.

Facendo clic sul pulsante *Più opzioni* viene mostrata una nuova sezione dedicata interamente alla gestione dell'illuminazione. Qui è possibile aggiungere una o più luci, variarne l'intensità, cambiare il colore delle ombreggiature e spostarle le luci rispetto all'oggetto.

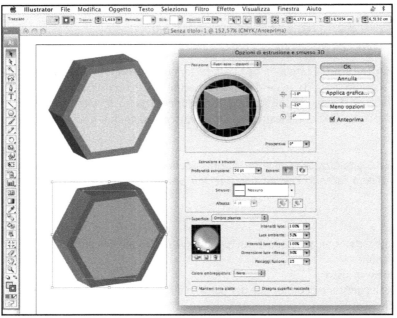

Fig. 9.9 – Modifica delle caratteristiche di illuminazione tra un oggetto e la sua copia.

NOTA – Le specifiche complete di tutte le sezioni della maschera *Opzioni di estrusione e smusso 3D* porterebbero via troppo spazio; ti consiglio quindi di consultare la guida in linea di Illustrator CS3 per approfondire questo argomento.

Creare un solido di rotazione

I solidi di rotazione si distinguono dagli oggetti estrusi per la metodologia che viene applicata durante la creazione del 3D. In questo caso si parte da un tracciato, che descrive il *profilo* dell'oggetto che si vuole creare. Questo profilo viene ruotato a 360° intorno ad un asse, dando vita all'oggetto tridimensionale. I solidi di rotazione sono quindi tipicamente oggetti simmetrici. Esempi di solidi di rotazione sono le bottiglie, i coni, i pezzi di una scacchiera, ecc.

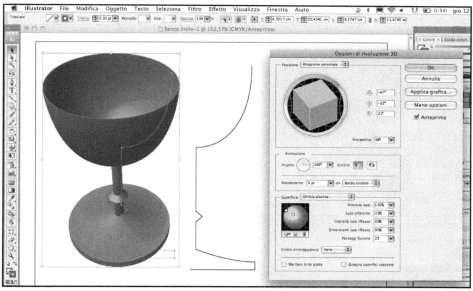

Fig. 9.10 – Esempio di solido di rotazione.

Veniamo dunque alla creazione del solido, si procede così:

> » Crea il profilo dell'oggetto usando lo strumento che desideri, ma facendo attenzione a disegnarlo come se fosse in posizione verticale
> » Seleziona l'oggetto
> » Impartisci il comando *Effetto > 3D > Rivoluzione*
> » Fai clic sul pulsante *Anteprima*
> » Fai clic su OK

Il solido appena creato può essere modificato allo stesso modo di un oggetto estruso, ovvero facendo doppio clic sulla voce *Rivoluzione 3D* nel pannello *Aspetto*.
Vediamo ora da vicino le impostazioni che influiscono sul risultato della rotazione. Oltre alle

luci, e alla superficie, che sono sezioni in comune con lo strumento *Estrusione e smusso*, in questo caso abbiamo due nuove opzioni: l'*angolo di rivoluzione* e lo *scostamento*.

NOTA – È sempre meglio creare un profilo privo di riempimento; in questo modo l'intera operazione diventa più veloce.

Angolo di rivoluzione

Determina l'angolo di rotazione dell'oggetto; di base questo valore è impostato su 360°, se si vuole creare un oggetto "spaccato" è necessario ridurre i gradi.

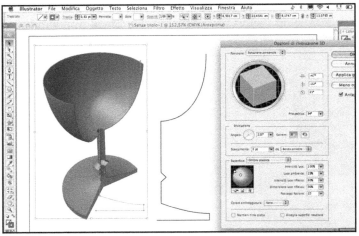

Fig 9.11 – Modifica dell'angolo di rivoluzione.

Scostamento

Durante la rotazione, il profilo viene ruotato intorno ad un asse ideale posto alla sua sinistra. La sua posizione collima con i punti più esterni del profilo. Aumentando lo scostamento quindi, si aumenta la distanza tra il profilo ed il suo asse ideale di rotazione.

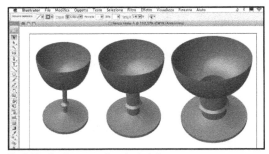

Fig. 9.12 – Confronto tra diversi valori di *scostamento*.

NOTA - Quando si applica l'effetto *Rivoluzione 3D* a uno o più oggetti contemporaneamente, ogni oggetto ruota attorno al proprio asse. Se si applica invece l'effetto a un gruppo o a un livello impostato come destinazione, gli oggetti ruotano attorno a un unico asse.

Applicare una texture agli oggetti 3D

Pur non volendo rivaleggiare con software dedicati alla progettazione tridimensionale, Illustrator CS3 mette a disposizione una funzione, che è normalmente appannaggio di software specializzati: l'applicazione di texture agli oggetti 3D. Questa funzione estende ulteriormente lo spettro di capacità del 3D, dando la possibilità di creare immagini molto sofisticate, con pochi clic.

Le texture non sono altro che *simboli* di Illustrator CS3, che vengono applicati prospetticamente sui lati di un oggetto estruso. Il presupposto fondamentale è quindi che la texture sia presente nel pannello *Simboli* sotto forma di *simbolo*. Prima di tutto quindi è necessario creare un disegno e trasferirlo nel pannello *Simboli*; procediamo così:

> » Crea a piacimento il disegno che intendi usare come texture
> » Seleziona il disegno e trascinalo sul pannello *Simboli* (*Finestra > Simboli*)
> » Inserisci il nome del simbolo nella maschera *Opzioni simbolo* e fai clic su OK

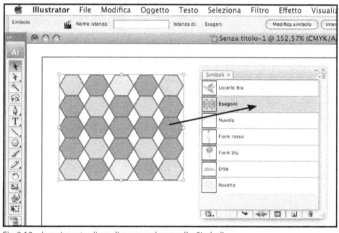

Fig 9.13 – Inserimento di un disegno nel pannello *Simboli*.

A questo punto possiamo procedere con l'applicazione della texture. Si ricrea un oggetto cilindrico, con la stessa procedura mostrata nei precedenti paragrafi (o se ancora presente si usa quello creato in precedenza) e si procede così:

> » Seleziona l'oggetto 3D
> » Apri il pannello *Aspetto* (*Finestra > Aspetto*)
> » Fai doppio clic sull'attributo tridimensionale
> » Nella maschera *Estrusione/Rivoluzione* fai clic sul pulsante *Applica grafica*

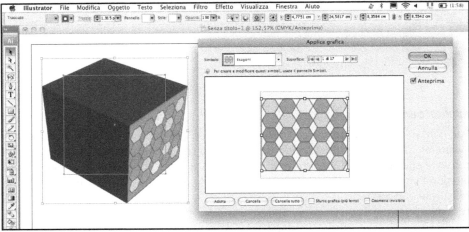

Fig. 9.14 – La maschera *Applica grafica*.

A questo punto bisogna scegliere il simbolo da usare come texture e le modalità di applicazione sull'oggetto tridimensionale. Si continua quindi così:

» Fai clic sul pulsante *Anteprima*
» Apri il menu a comparsa *Simbolo* e scegli il simbolo desiderato
» Scorri i vari lati dell'oggetto con le frecce presenti nella sezione *Superficie*
» Imposta la dimensione della texture manualmente, oppure tramite il pulsante *Adatta*
» Procedi con gli eventuali altri lati impostando se vuoi altre texture
» Fai clic su OK

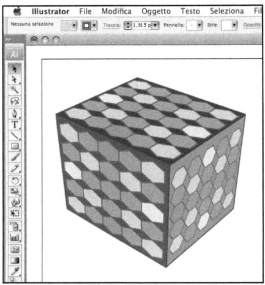

Fig 9.15 – La texture applicata all'oggetto tridimensionale

NOTA – Per rendere le texture più realistiche bisogna attivare l'opzione *Sfuma grafica* nella maschera *Applica grafica*. Questa funzione rende più lenta l'operazione, poiché implica una serie di calcoli ulteriori. Un'altra interessante opzione è invece *Geometria invisibile*, presente sempre nella maschera Applica grafica: questa rende invisibile l'oggetto tridimensionale, lasciando solo le texture.

Anche in questo caso è possibile modificare a posteriori una texture. Si apre il pannello *Aspetto*, si fa doppio clic sull'attributo tridimensionale, e nella maschera *Estrusione/Rivoluzione 3D* si fa clic nuovamente sul pulsante *Applica grafica*.

Vettorializzare gli oggetti

La vettorializzazione è una pratica molto comune, specialmente quando bisogna apportare modifiche ad un immagine prodotta da uno scanner. In FreeHand MX la vettorializzazione viene eseguita con lo strumento *Ricalca*. Prima di procedere è però possibile determinare la qualità del ricalco, il numero di colori e molte altre cose ancora. Illustrator CS3 è dotato di una funzione estremamente avanzata per la vettorializzazione degli oggetti: il *ricalco dinamico*. Anche questo strumento è dotato di impostazioni specifiche come in FreeHand MX: è possibile controllare il livello di precisione e in che modo riempire la forma ricalcata. Una volta ottenuto il ricalco desiderato, si può convertirlo in tracciati vettoriali o in un oggetto di pittura dinamica.

Ricalcare un disegno

Passiamo ora al ricalco di un disegno; si procede così:

> » Inserisci un'immagine da usare come sorgente per il ricalco
> » Seleziona l'immagine
> » Impartisci il comando *Oggetto > Ricalco dinamico > Crea*

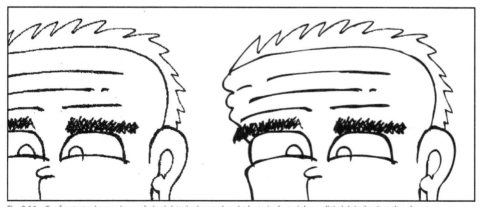

Fig. 9.16 – Confronto tra immagine reale (a sinistra) e immagine ricalcata (a destra): la qualità del ricalco è molto elevata.

A questo punto è possibile impostare i parametri del ricalco. Con l'oggetto ancora selezionato si impartisce il comando *Oggetto > Ricalco dinamico > Opzioni di ricalco*.

NOTA – Dopo aver ricalcato un'immagine le impostazioni principali sono già presenti nella *barra di controllo*.

Fig. 9.17 – La maschera *Opzioni di ricalco*.

Opzione	Risultato
Predefinito	Permette di scegliere un'impostazione predefinita di ricalco
Metodo	Specifica un metodo di colore per il risultato di ricalco (*Colore, Scala di grigio, Bianco e nero*)
Soglia	Specifica un valore per creare un risultato in bianco e nero dall'immagine originale. Tutti i pixel più chiari del valore impostato vengono convertiti in bianco, tutti quelli più scuri vengono convertiti in nero. Questa opzione è disponibile solo quando il metodo di colore è *Bianco e nero*
Palette	Specifica una palette di colori per creare un ricalco a colori o in scala di grigio dall'immagine originale. Se si dispone di palette personalizzate nella biblioteca dei campioni verranno mostrate nel menu a comparsa
N. max colori	Specifica il numero massimo di colori (o toni di grigio) da usare per il ricalco
Genera campioni	Crea nuovi *campioni* per ciascun colore ricalcato
Sfocatura	Sfoca l'immagine originale prima di ricalcarla. Questa opzione permette di ridurre piccoli difetti e arrotondare i bordi del ricalco
Ricampiona	Effettua un ricampionamento dell'immagine originale prima di generare il ricalco. Questa opzione può velocizzare il processo di ricalco nelle immagini grandi ma può produrre effetti indesiderati
Riempimenti	Crea delle aree di riempimento a partire dall'immagine originale
Tracce	Associa una traccia ai contorni creati dopo il ricalco
Spessore max traccia	Specifica lo spessore massimo dei contorni dell'immagine a cui applicare una traccia.

Lunghezza min. traccia	Specifica la lunghezza minima dei contorni nell'immagine a cui è possibile applicare una traccia. I contorni più corti vengono ignorati
Corrispondenza tracciato	Controlla la precisione di ricalco tra l'immagine originale e quella ricalcata
Area minima	Specifica la minima dimensione che può essere ricalcata. Con un valore pari a 10 pixel, qualunque cosa al di sotto di 5x5 pixel verrà ignorata
Angolo	Specifica quando un cambiamento di direzione nell'immagine, deve generare un nuovo punto di ancoraggio
Raster	Permette di scegliere la modalità di visualizzazione dell'immagine originale
Vettoriale	Permette di specificare il metodo di visualizzazione dell'immagine ricalcata

Tabella 9.4 – Le opzioni di ricalco.

Colorare un oggetto ricalcato

Molto spesso, alla fase di vettorializzazione di un oggetto segue la fase di colorazione. Capita ad esempio di vettorializzare un illustrazione in bianco e nero, che poi deve essere colorata. In FreeHand MX questa operazione non è del tutto semplice. Il fatto è che il risultato di una vettorializzazione è sempre in qualche modo casuale: per quanto il disegno originale sia ben fatto, può capitare che aree chiuse diano luogo a tracciati aperti, difficili da colorare. In effetti, spesso, una parte del lavoro è dedicato alla correzione dei tracciati prodotti dalla vettorializzazione.

Da questo punto di vista, Illustrator CS3 surclassa ampiamente FreeHand MX, perché è dotato di una funzione molto avanzata: la *Pittura dinamica*. Una volta ottenuto il ricalco desiderato, questo può essere convertito in un oggetto di *pittura dinamica*. In questo modo siamo in grado di lavorare sull'oggetto ricalcato come con qualsiasi altra grafica vettoriale.

ATTENZIONE - Un'oggetto di ricalco convertito in *pittura dinamica* non può più essere modificato tramite la maschera *Opzioni di ricalco*.

La funzione Pittura dinamica

La funzione Pittura dinamica viene utilizzata in due momenti: dapprima si converte l'oggetto ricalcato, dopodiché si usa lo strumento *Secchiello pittura dinamica* per colorare le aree del disegno. Si procede in questo modo:

» Seleziona l'oggetto ricalcato
» Impartisci il comando *Oggetto > Ricalco dinamico > Converti in pittura dinamica*
» Seleziona lo strumento *Secchiello pittura dinamica*
» Fai clic sulle aree del disegno che vuoi colorare

Facendo doppio clic sullo strumento *Secchiello pittura dinamica* è inoltre possibile modificare le opzioni di riempimento.

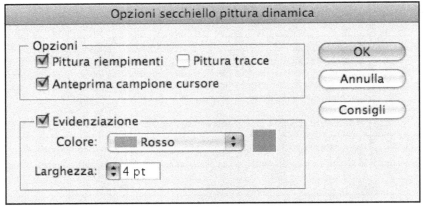

Fig. 9.18 – La maschera *Opzioni secchiello pittura dinamica.*

 NOTA - Le aree ed i contorni di un disegno convertito in pittura dinamica si colorano di rosso, quando il puntatore vi è sopra. Il colore predefinito per il riempimento è quello al centro dei tre quadrati posti sopra l'icona secchiello. Per scegliere un altro colore si possono anche usare i tasti freccia sulla tastiera, muovendosi tra i campioni presenti nel pannello *Campioni*.

Selezionare alcune parti di un oggetto Pittura dinamica

Lo strumento *Secchiello pittura dinamica* viene usato unicamente per colorare le parti di un oggetto convertito in *pittura dinamica*. Se però si vogliono selezionare queste parti per ulteriori modifiche si può usare lo strumento *Selezione pittura dinamica*, collocato accanto allo strumento secchiello. Facendo clic sulle varie parti del disegno, queste vengono evidenziate: le uniche operazioni possibili sono però il cambio di riempimento o la copia della parte.

Fig. 9.19 – Selezione di parti di un disegno di pittura dinamica con lo strumento *Selezione pittura dinamica*

Facendo doppio clic sullo strumento *Selezione pittura dinamica* si accede alla maschera *Opzioni selezione pittura dinamica* dalla quale è possibile impostare il comportamento dello strumento di selezione.

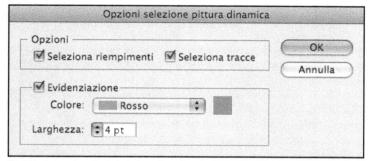

Fig. 9.20 – La maschera *Opzioni selezione pittura dinamica*.

 NOTA – Poiché un oggetto convertito in pittura dinamica è molto simile ad un gruppo, è possibile usare lo strumento *Selezione diretta* per modificarne i contorni, senza per questo perdere le sue qualità di pittura dinamica.

Fig. 9.21 – Confronto tra il disegno originale e quello ricalcato e colorato con la funzione *Pittura dinamica*.

Limitazioni della funzione Pittura dinamica

Un oggetto convertito in pittura dinamica si comporta diversamente da altri oggetti vettoriali. Alcuni strumenti, funzioni e comandi non possono essere usati in concomitanza con tale oggetto:

Funzioni non applicabili	Trame sfumate - Grafici - Simboli - Riflessi - Opzioni di allineamento dal pannello *Traccia* - *Strumento bacchetta magica*
Comandi non applicabili	*Traccia contorno* - *Espandi* (al suo posto si può usare *Oggetto > Pittura dinamica > Espandi*) - *Fusione* - *Sezione* - *Maschera di ritaglio > Crea Area di ritaglio > Crea* - *Crea trama sfumata* - Comandi Elaborazione tracciati - *File > Inserisci* - *Visualizza > Guide > Crea* - *Seleziona > Simile > Metodo fusione, Riempimento e traccia, Opacità, Stile, Istanza simbolo o Serie di blocchi collegati* - *Oggetto > Contorna con testo > Crea*

Tabella 9.5 – Funzioni e comandi incompatibili con la funzione *pittura dinamica*.

Creare varianti di colore

Uno dei problemi che devono fronteggiare i grafici oggigiorno (ma non solo) è il tempo che si ha a disposizione per la realizzazione di un progetto. I clienti oggi sono molto esigenti: in una sola parola voglio tutto e per l'altro ieri. Per un grafico quindi non è facile gestire diversi progetti, con tempi sempre tiratissimi. Se a questo aggiungiamo la fase di revisione e modifica dei bozzetti, appare un quadro davvero sconsolante, dove spesso, il percorso creativo viene compresso in poche ore per poter soddisfare il cliente.

Purtroppo ancora un computer in grado di creare un bozzetto grafico a partire dalle nostre indicazioni non esiste... e ne forse mai esisterà. Allora ben vengano strumenti utili a migliorare e velocizzare il percorso creativo. Diamo quindi il benvenuto alla funzione *Colore dinamico* di Illustrator CS3.

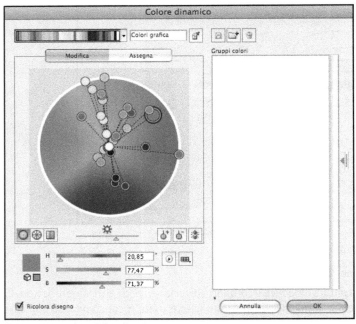

Fig 9.22 – La maschera *Colore dinamico*.

La funzione *Colore dinamico* pervade molti strumenti di Illustrator CS3. In pratica si tratta di una specie di ambiente di lavoro nel quale, a partire da uno o più colori, è possibile ottenere rapidamente varianti di colore (o variantatura, per usare un termine noto a chi lavora nel Cad tessile) di un medesimo soggetto. La tipologia di accostamenti cromatici può inoltre essere determinata in moltissimi modi: per esempio è possibile scegliere i colori *complementari*, i colori *freddi*, i colori *caldi*, ma anche stili di colore noti, come quelli della *pop art*, dell'*impressionismo*, e molti altri ancora. Iniziamo questa esplorazione dal pannello *Guida colori*.

Il pannello Guida colori

Il pannello *Guida colori* (*Finestra > Guida* colori) è già un ottimo strumento creativo per la definizione dei colori. Quando si sceglie un qualsiasi colore dal pannello *Campioni*, il pannello *Guida colori* suggerisce delle armonie di colore compatibili con quello scelto, basandosi su alcuni principi. Questi possono essere scelti facendo clic sul menu a comparsa *Criteri per armonia colori*.

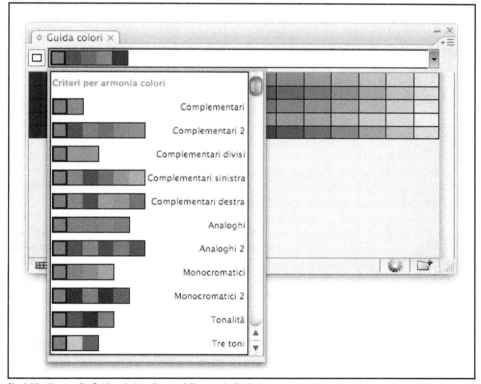

Fig. 9.23 – Il pannello *Guida colori* con il menu delle armonie di colori.

Le armonie di colore che possono essere scelte sono numerose: si va dai colori *complementari*, ai colori *monocromatici*, ai colori a *tre e quattro toni*, a quelli con *contrasto elevato*, ecc. Ogni volta che si fa clic su un nuovo campione di colore, tutte le armonie mutano coerentemente. In aggiunta alle armonie di colore è possibile scegliere tre principali categorie di colori: tinte/

tonalità, caldi/freddi, vivaci/delicati. Queste categorie si scelgono dal menu a comparsa *Opzioni* del pannello *Guida colori*.

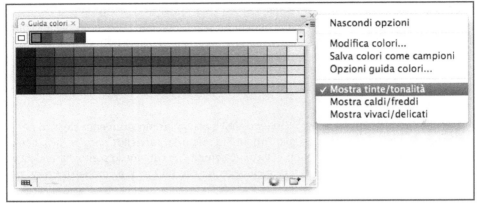

Fig. 9.24 – Scelta delle categorie di colore dal menu *Opzioni* del pannello *Guide colori*.

NOTA – Le armonie di colore non possono essere applicate ai campioni di sfumatura.

Limitare le armonie di colore

Durante l'uso delle armonie di colore, a partire dal campione scelto, tutti i colori mutano coerentemente. Se però si vogliono restringere le varianti ad uno stile di colore preciso si sceglie una libreria di campioni specifica. Basta fare clic sul piccolo menu a comparsa presente nella parte in basso a sinistra del pannello, scegliendo la libreria desiderata.

ATTENZIONE – Quando si limitano le armonie di colore, se il colore di base scelto non figura nella gamma cromatica della libreria prescelta, questo non verrà riprodotto.

Salvare un'armonia come gruppo di colori

Dopo aver visualizzato un'armonia di colore in base al colore prescelto è possibile salvarla come nuovo gruppo di colore, da riutilizzare in seguito. È sufficiente fare clic sul pulsante *Salva il gruppo di colore nel pannello Campioni* posto in basso a destra nel pannello *Guida colori*.

La funzione Colore dinamico

La funzione colore dinamico, come abbiamo già accennato, è perfetta per creare rapidamente varianti di colore a partire da un bozzetto grafico. Il suo funzionamento è molto semplice:

dopo aver selezionato un oggetto, si sperimentano le varianti di colore che questo può assumere, a seconda delle armonie che si scelgono. Si procede così:

» Seleziona l'oggetto di cui vuoi creare varianti di colore
» Fai clic sul pulsante *Ricolora grafica* che appare nella *barra di controllo*
» Fai clic sul pulsante *Modifica* (qualora fosse selezionato il pulsante *Assegna*)
» Attiva l'opzione *Ricolora disegno* in fondo alla maschera
» Fai clic sul pulsante *Ottieni colori da disegno selezionato*, che si trova nella parte alta della maschera

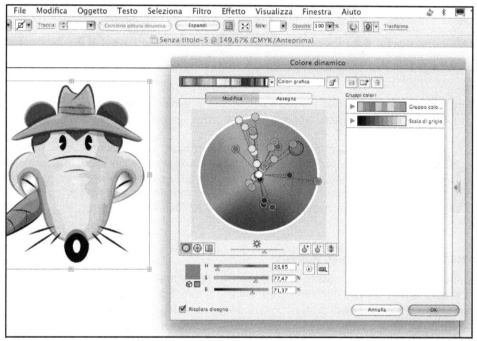

Fig 9.25 – Prelevare i colori tramite la maschera *Colore dinamico*

Con l'ultima operazione sono stati prelevati tutti i colori presenti nell'oggetto selezionato e si può procedere alla creazione di varianti. In primo luogo è possibile modificare in maniera indipendente i singoli colori, trascinandone i cerchi liberamente nella ruota di colori. In questo modo viene modificato solo il singolo colore. Il risultato appare immediatamente nell'oggetto selezionato.

Vincolare tra loro i colori

La modifica dei singoli è sicuramente utile, ma molto più interessante è la funzione che li *vincola* tra loro, facendo in modo che al variare di uno varino tutti gli altri. Si procede così:

» Fai clic sul pulsante *Collega i colori armonici* posto nel lato in basso a destra della ruota colori (la catenella)
» Muovi ora liberamente qualunque cerchio colorato

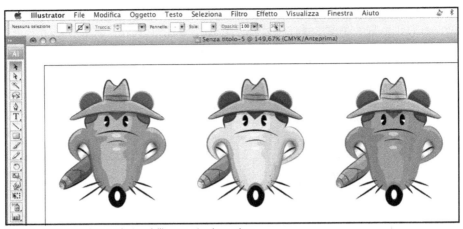

Fig. 9.26 – Varianti di colore, con le tinte dell'oggetto vincolate tra loro.

Tutti i colori sono ora vincolati tra loro e si muovono insieme. Il risultato, ancora una volta, è visualizzato anche sull'oggetto, ed ora si apprezza maggiormente.

NOTA – La rotazione dei colori vincolati può essere ottenuta anche utilizzando gli slider di colore posti nella parte bassa della ruota colori. Questi possono inoltre essere modificati dal menu di *specifica del metodo*, rappresentato da una piccola freccia. Qui è possibile definire RGB, HSB, CMYK, e altri.

Saturare o contrastare i colori vincolati

Immediatamente sotto la ruota colori sono presenti due strumenti: un *pulsante* per modificare la visualizzazione dei colori (contrasto e tonalità o saturazione e tonalità) ed uno *slider* per determinare l'ammontare di contrasto o saturazione. Usandoli in maniera congiunta è quindi possibile aumentare o diminuire sia il contrasto, sia la saturazione, di tutti i colori vincolati.

Fig. 9.27 – Dettaglio degli strumenti di saturazione/contrasto.

Usare le armonie di colori per creare le varianti

Finora abbiamo visto come le varianti colore possano essere create dinamicamente, muovendo i cerchi colorati sulla ruota colore. Un altro metodo per ottenere rapidamente varianti di colore è quello di limitare la gamma dei colori partendo da una delle armonie di colore predefinite. Si procede in questo modo:

» Fai clic sul pulsante *Limita il gruppo di colori ai colori di una libreria di campioni*
» Nel menu a comparsa che si apre scegli l'armonia che desideri, questa viene applicata istantaneamente

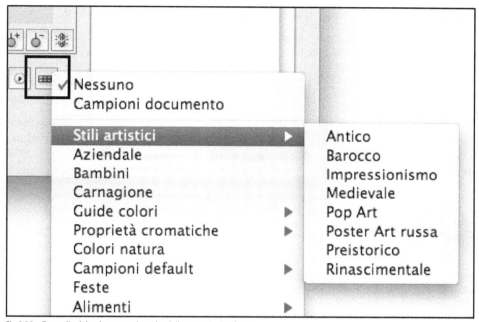

Fig.9.28 – Dettaglio del pulsante per la scelta delle armonie di colore.

Usare i simboli

I simboli sono oggetti grafici o raggruppamenti di oggetti, che vengono conservati nel pannello *Simboli* per molti scopi. Principalmente sono utili laddove bisogna ripetere numerose volte un elemento grafico su un documento, con la possibilità di modificarne tutte le occorrenze in maniera rapida. In effetti, quando si trascina nell'area di lavoro un simbolo, questo diventa un *istanza* del simbolo principale; un pò come accade in Adobe Flash. Se si vogliono modificare tutte le istanze di un documento perciò, si modifica solo il simbolo principale una sola volta; tutte le sue istanze vengono quindi modificate in maniera automatica.

Convertire un oggetto in simbolo

Qualunque oggetto può essere convertito in un simbolo. Si procede in questo modo:

» Apri il pannello *Simboli*
» Seleziona l'oggetto (o il gruppo di oggetti) che intendi trasformare in simbolo
» Trascina l'oggetto (clic + trascina) all'interno del pannello *Simboli*
» Nella finestra di dialogo inserisci il nome dei simbolo
» Fai clic su OK

Fig. 9.29 – La finestra di dialogo *Opzioni simbolo*.

A questo punto il nuovo simbolo figura tra quelli presenti nel pannello *Simbolo* e può essere riutilizzato nel documento, trascinandolo in qualunque parte. Quando l'istanza di un simbolo viene selezionata, la *barra di controllo* mostra alcune funzioni aggiuntive che permettono di operare sul simbolo.

NOTA – Dopo aver creato un simbolo, questo può essere trascinato (istanziato) nell'area di lavoro infinite volte; basta ripetere l'operazione di trascinamento più volte.

Modificare un simbolo

Per modificare un simbolo (e quindi tutte le eventuali istanze di questo) si può procedere in questo modo:

> » Fai doppio clic sul simbolo desiderato nel pannello *Simboli*
> » Modifica il simbolo a piacimento
> » Fai clic sulla freccia *Esci da gruppo isolato* presente in alto a sinistra nel documento

Al termine dell'operazione tutte le istanze del simbolo presenti nel documento vengono modificate.

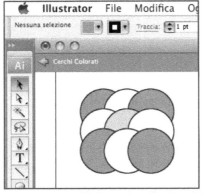

Fig. 9.30 – Dettaglio della finestra di modifica dei simboli.

Interrompere il collegamento tra un istanza ed il suo simbolo

A volte può capitare di dover modificare solamente una istanza tra quelle presenti nel documento. In questi casi è necessario interrompere il collegamento tra l'istanza ed il simbolo da cui dipende. Si procede così:

» Seleziona l'istanza del simbolo che vuoi scollegare
» Fai clic sul pulsante *Interrompi collegamento* presente nella *barra di controllo*

A questo punto l'istanza viene scollegata dal simbolo e torna modificabile.

ATTENZIONE – Quando si interrompe il collegamento tra un istanza ed il simbolo da cui dipende, questa non verrà più modificata allorché si modifica il simbolo.

Strumenti specifici per i simboli

Le istanze dei simboli possono essere manipolati con degli strumenti specifici che si trovano nella barra degli strumenti. Questi consentono di creare e modificare set di istanze in contemporanea. Si possono creare set di simboli usando lo strumento *Bomboletta simboli* per poter poi per modificare *densità, colore, posizione, dimensioni, rotazione, trasparenza* e *stile* delle varie istanze presenti nel set. Nella tabella 9.5 sono riepilogati tutti gli strumenti.

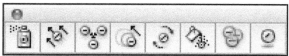

Fig. 9.31 – Gli strumenti specifici per i simboli.

Strumento	Risultato
Bomboletta	Inserisce molteplici istanze di un simbolo sull'area di lavoro
Sposta simboli	Viene usato per spostare le istanze dei simboli
Allontana/Avvicina simboli	Allontana o avvicina le istanze dei simboli tra di loro
Ridimensiona simboli	Ridimensiona le istanze dei simboli
Ruota simboli	Ruota le istanze dei simboli
Tonalità simboli	Colora le istanze dei simboli con il campione selezionato
Trasparenza simboli	Applica un effetto di opacità alle istanze dei simboli. L'opacità si regola dal pannello *Trasparenza*
Stile simboli	Applica lo stile selezionato nel pannello *Stili grafica* alle istanze dei simboli

Tab. 9.5 – Gli strumenti specifici per i simboli.

I filtri e gli effetti

Molte delle funzioni di Illustrator CS3 sono simili in Photoshop (livelli, maschere, ecc.) e i filtri ne sono un altra testimonianza. I menu *Filtro* e *Effetto* servono infatti ad applicare effetti speciali a qualunque oggetto selezionato. Il metodo con cui vengono applicati è però diverso, quindi è importante comprendere la differenza del loro impiego:

» Gli *effetti* sono dinamici: mutano le fattezze degli oggetti lasciandone però invariata la struttura di base. Per questo motivo possono essere rimossi in qualunque momento dal pannello *Aspetto*, riportando l'oggetto alla sua forma di base.

» I *filtri* modificano invece permanentemente l'oggetto a cui sono applicati. Le modifiche non possono quindi essere cambiate o rimosse dopo l'applicazione del filtro.

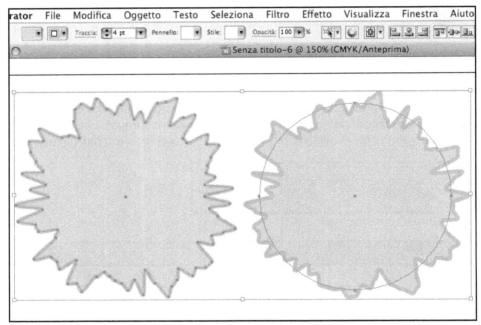

Fig. 9.32 – Confronto tra l'applicazione di un filtro (a sinistra) e un effetto (a destra).

NOTA – Gli effetti sono molto comodi, perché tramite il pannello *Aspetto* si possono modificare rapidamente. I filtri invece hanno Il vantaggio di creare nuovi punti di ancoraggio che possono essere modellati con semplicità.

I filtri e gli effetti permettono quindi di aggiungere quel tocco in più alle proprie creazioni. È però necessario fare attenzione per non passare dall'uso all'abuso. Nella Tabella 9.6 sono riportati i principali filtri ed effetti ed il risultato che creano.

Effetto/Filtro	Azione
Effetto > 3D	Converte le forme in oggetti tridimensionali
Effetto > Artistico **Filtro > Artistico**	Simula un gradevole effetto pittorico
Effetto > Sfocatura **Filtro > Sfocatura**	Applica una filtro di sfocatura alle immagini
Effetto >Tratti pennello **Filtro > Tratti pennello**	Applica effetti particolari ai contorni delle immagini
Effetto > Converti in forma	Modifica un oggetto vettoriale o un'immagine, convertendolo in una forma specifica
Filtro > Distorsione **Effetto > Distorci e trasforma**	Modificano la forma di oggetti vettoriali. Sono disponibili solo su documenti con metodo di colore RGB
Effetto > Distorsione **Filtro > Distorsione**	Crea distorsioni geometriche su un'immagine
Effetto > Elaborazione tracciati	Combina gruppi, livelli e sottolivelli in oggetti singoli che possono poi essere modificati con lo strumento *Selezione diretta*
Effetto > Effetto pixel **Filtro > Effetto pixel**	Modificano l'aspetto di una forma vettoriale, usando moduli composti da pixel
Effetto > Rasterizza	Trasforma oggetti vettoriali in oggetti bitmap
Effetto > Contrasta **Filtro > Contrasta**	Aumenta la nitidezza delle immagini. È molto efficace se utilizzato su fotografie
Effetto > Schizzo **Filtro > Schizzo**	Aggiunge una serie di texture alle immagini come a voler riprodurre un effetto "fatto a mano"
Effetto > Stilizzazione **Filtro > Stilizzazione**	Aggiunge frecce, ombre esterne, angoli arrotondati, scarabocchi sugli oggetti
Effetto > Texture **Filtro > Texture**	Aggiunge texture "naturali" alle immagini
Effetto > Altera	Permette di distorcere qualunque oggetto in modo molto preciso

Tab. 9.6 – Applicazione di effetti diversi.

Creare grafica per dispositivi mobili

Tutti gli applicativi di Adobe identificati dal nome CS3 condividono alcune funzioni globali. Tra queste spicca la possibilità di creare e testare contenuti per i dispositivi mobili. Flash CS3 è, per così dire, il programma "principe" per la creazione di applicativi multimediali, sia per il Web sia per il mondo dei *mobile*. Ma il design di un'interfaccia è sicuramente più facile da realizzare in Illustrator CS3 di quanto non lo sia in Flash CS3. Per poter verificare poi come il tutto appare sul piccolo schermo di un cellulare serve però un altro applicativo: *Adobe Device Central CS3*. Questo programma è richiamabile da qualunque software Adobe CS3 e la sua funzione principale è quella di verificare come, una determinata applicazione e la sua interfaccia, possano funzionare su un cellulare più che su un altro.

Adobe Device Central

Dicevamo quindi che *Device Central CS3* può essere usato in congiunzione con qualuque software Adobe, purché "targato" CS3. In questo caso, il rapporto che si può instaurare tra Illustrator e Device Central è strettamente legato al controllo visivo di interfacce sviluppate per il mondo *mobile*. Il controllo può riguardare diversi aspetti: la leggibilità di piccoli elementi grafici o scritte piccole; la risposta cromatica di determinati colori; il contrasto dei contorni di oggetti vettoriali, e così via. In genere, un buon modo per iniziare a progettare il design di un'interfaccia per i cellulari consiste proprio nel partire da un cellulare tipo e dalle sue caratteristiche.

Creare l'interfaccia grafica per un cellulare

Iniziamo ora la procedura che consente di realizzare un interfaccia grafica con Illustrator CS3 per poi verificarla in Device Central CS3. Si procede così:

> » Lancia Illustrator CS3 e impartisci il comando *File > Adobe Device Central*
> » Quando appare Device Central scegli un tipo di cellulare tra quelli presenti: per comodità scegli il Nokia E61

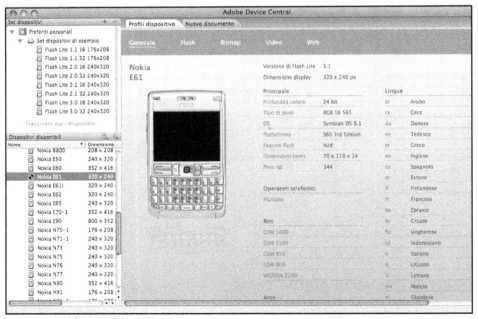

Fig. 9.34 – Scelta del tipo di cellulare: Nokia E61.

> » Ora fai clic sulla linguetta *Nuovo documento* che trovi in alto nella schermata
> » In questa nuova schermata fai clic sul pulsante *Crea*

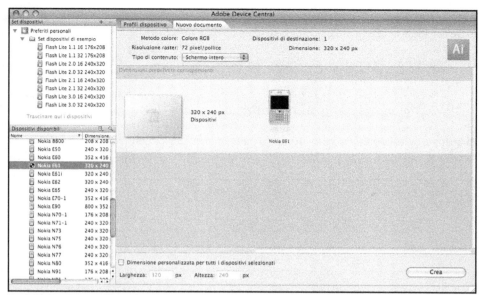

Fig. 9.35 – La schermata *Nuovo documento*.

Viene creato un documento in Illustrator con le misure precise per la visualizzazione sullo schermo del Nokia E61. In questo spazio di lavoro si procede creando l'interfaccia completa. Una volta completata è necessario salvare il file (*File > Salva con nome*).

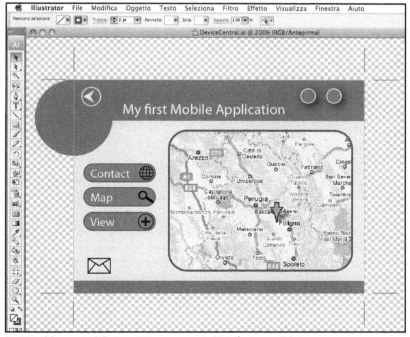

Fig. 9.36 – Il documento di Illustrator CS3 con un esempio di interfaccia per cellulari.

Alla fine viene il momento di sperimentare la grafica direttamente sul prototipo del cellulare in Device Central CS3.

» Impartisci il comando *File > Salva per Web e dispositivi*

» Nella maschera *Salva per Web e dispositivi* fai clic sul pulsante *Adobe Device Central*, posizionato in basso a destra

Al termine delle operazioni viene mostrato nuovamente Device Central CS3, con il prototipo di cellulare selezionato e l'interfaccia realizzata in Illustrator visualizzata sul suo schermo.

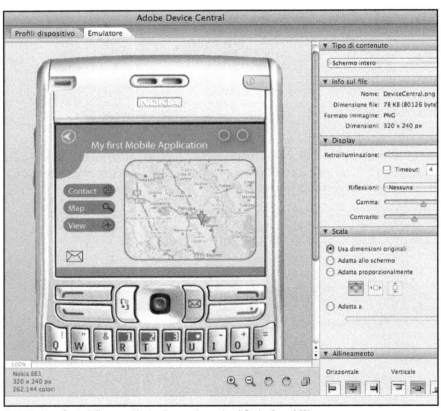

Fig. 9.37 – L'interfaccia di Illustrator CS3 visualizzata sul prototipo di Device Central CS3.

A questo punto è possibile eseguire tutta una serie di test, usando le opzioni disponibili nella sezione *Display* di Device Central CS3. È per esempio possibile simulare le riflessioni sul display scegliendole dal menu a comparsa *Riflessioni*. Si possono inoltre regolare *Gamma* e *Contrasto* dalle omonime funzioni. Ovviamente, trattandosi di una mera rappresentazione grafica dell'interfaccia, non è possibile testare alcuna funzionalità. Se invece si effettua la verifica di un contenuto multimediale creato con Flash CS3, Device Central ci permette di verificare anche il suo funzionamento globale, simulando le performance di calcolo del cellulare scelto come prototipo.

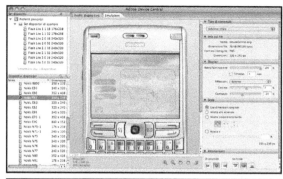

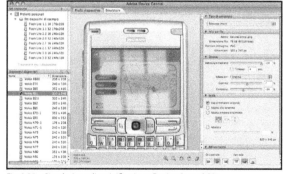

Fig. 9.38 – Simulazione di vari riflessi con Device Central CS3.

Principali abbreviazioni da tastiera

Comandi per la visualizzazione

Intento	Mac	Windows
Ingrandire al 100%	Cmd + 1	Ctrl + 1
Bloccare/sbloccare le guide	Cmd + Opz + ;	Ctrl + Alt + ;
Visualizzare l'area stampabile nella finestra	Cmd + 0	Ctrl + 0
Passare allo strumento Zoom	Cmd + barra spaz.	Ctrl + barra spaz.

Comandi per la modalità isolamento

Intento	Mac	Windows
Passare alla modalità Isolamento con lo strumento Selezione	Doppio clic su un gruppo	Doppio clic su un gruppo
Uscire dalla modalità Isolamento con lo strumento Selezione	Doppio clic fuori dal gruppo	Doppio clic fuori dal gruppo

Comandi di selezione/spostamento oggetti

Intento	Mac	Windows
Passare dallo strumento Selezione diretta a Selezione gruppo	Opz	Alt
Selezionare o deselezionare un oggetto, tracciato o punto	Maiusc + clic	Maiusc + clic
Duplicare la selezione con uno strumento di selezione o trasformazione	Opz + trascina	Alt + trascina
Spostare la selezione per incrementi definiti dall'utente	Tasti freccia	Tasti freccia
Spostare la selezione per incrementi di 10x	Maiusc + tasti freccia	Maiusc + tasti freccia

Comandi di creazione degli oggetti

Intento	Mac	Windows
Disegnare dal centro	Opz	Alt
Aprire la finestra di dialogo di uno strumento di trasformazione	Opz + clic	Alt + clic
Riposizionare un oggetto mentre lo si disegna	Barra spaz. + trascina	Barra spaz. + trascina
Cambiare il puntatore in crocetta di precisione (per alcuni strumenti)	Blocco Maiusc	Blocco Maiusc
Aumentare/ridurre lati, raggio d'angolo, punte di stella o giri di spirale	Iniziare a disegnare, quindi premere Freccia su o giù	Iniziare a disegnare, quindi premere Freccia su o giù

Comandi di trasformazione degli oggetti

Intento	Mac	Windows
Lasciare inalterato l'oggetto originale e trasformare una copia	Opz	Alt
Annulla	Cmd + Z	Alt + Z
Ripristina	Maiusc + Cmd + Z	Maiusc + Ctrl + Z
Ridimensionare la selezione proporzionalmente con lo strumento Trasformazione libera o Selezione diretta	Maiusc + trascina	Maiusc + trascina
Ridimensionare la selezione dal centro con lo strumento Trasformazione libera o Selezione diretta	Opz + trascina	Alt + trascina

Comandi per l'applicazione dei colori

Intento	Mac	Windows
Passare dal riempimento alla traccia	X	X
Scorrere i metodi di colore	Maiusc + clic sulla barra dello spettro colori	Maiusc + clic sulla barra dello spettro colori
Ottenere una tinta di un colore quadricromia	Maiusc + trascina il cursore colore	Maiusc + trascina il cursore colore
Campionare con lo strumento Contagocce lo stile e aggiungere gli attributi di aspetto all'elemento selezionato	Opz + Maiusc + clic	Alt + Maiusc + clic

Le domande dei "freehandisti"

Esiste un comando simile al "Raccogli per l'output" di FreeHand?

Illustrator CS3 non ha propriamente un comando interno per questo tipo di azione. Il "Raccogli per l'output" di FreeHand viene effettuato tramite l'utilizzo di *script* di comandi preparati ad-hoc. **Trovi maggiori spiegazioni su questo argomento a Pag. 41.**

Non mi trovo bene con le scorciatoie da tastiera di Illustrator CS3; c'è un modo per modificarle, rendendole simili a quelle di FreeHand?

Si, è possibile modificare le scorciatoie da tastiera tramite il comando **Modifica > Scelte rapide da tastiera.**

Non trovo un equivalente del comando Clona di FreeHand MX... possibile che non esista?

In effetti non esiste un singolo comando come in FreeHand MX. In Illustrator CS3 si clona un oggetto in due passaggi: **prima si impartisce il comando Modifica > Copia, poi il comando Modifica > Incolla sopra.**

In FreeHand MX uso normalmente il livello Guide... dove si trova in Illustrator CS3?

In Illustrator CS3 le guide non hanno un livello specifico; possono essere applicate a qualsiasi livello. **Trovi maggiori spiegazioni su questo argomento a Pag. 117.**

Normalmente non uso i livelli in FreeHand MX... perché devo farlo in Illustrator CS3?

Quando si usano le maschere (che corrispondono in FreeHand alla sequenza di comandi *copia/incolla interno*) può risultare difficile selezionare gli oggetti sovrapposti tra loro. I livelli aiutano proprio a razionalizzare la fase di modifica; nascondendoli temporaneamente si possono selezionare oggetti su un livello inferiore in modo molto rapido.
Trovi maggiori spiegazioni su questo argomento a Pag. 33.

Dove trovo le librerie di colori Pantone?

Le librerie di colori Pantone sono accessibili tramite il comando *Finestra > Biblioteche di campioni > Guide colori.* **Trovi maggiori spiegazioni su questo argomento a Pag. 97.**

In FreeHand MX ho enormi problemi nella stampa di documenti che contengono ombre e trasparenze... cosa succede con Illustrator CS3?

Illustrator CS3 è in grado di stampare o esportare in PDF anche documenti molto complessi, ricchi di sfumature, ombre, trasparenze e maschere. Niente più soprese in stampa!
Trovi maggiori spiegazioni su questo argomento a Pag. 166.

In FreeHand MX posso applicare effetti di testo come l'effetto neon, evidenziato, zoom, ecc. Dove trovo questi effetti in Illustrator CS3?

Prima di tutto va detto che gli effetti di testo di FreeHand MX andrebbero evitati, perché modificano i caratteri arbitrariamente dando luogo spesso a errori di stampa. Illustrator CS3 ha comunque un numero minore di effetti di testo, è però possibile applicare effetti e filtri a qualunque testo. **Trovi maggiori spiegazioni su questo argomento a Pag. 141.**

L'esportazione di documenti PDF da FreeHand MX restituisce spesso risultati deludenti... come si comporta Illustrator CS3?

Illustrator CS3 è in grado di esportare PDF di alta qualità per molti tipi di utilizzi diversi, dal Web, alla stampa di bozza, alla stampa tipografica.
Trovi maggiori spiegazioni su questo argomento a Pag. 151.

Cosa succede se apro un file multipagina di FreeHand MX con Illustrator CS3?

In primo luogo, Illustrator CS3 mostra una finestra di dialogo per le opzioni di importazione. Nel caso in cui si decida di aprire tutte le pagine presenti nel file di FreeHand MX, queste vengono disposte in maniera ordinata sull'area di lavoro, e intorno ad ogni pagina viene creata un'*area di ritaglio*. **Trovi maggiori spiegazioni su questo argomento a Pag. 38.**

Quando apro un file di FreeHand, a volte, mi viene mostrata una finestra di dialogo per la scelta del metodo di colore... che significa?

Illustrator CS3, a differenza di FreeHand MX, ha una gestione del colore integrata nei documenti. Se si apre un documento di FreeHand MX che contiene sia colori RGB, sia CMYK, Illustrator richiede quale metodo di colore si debba utilizzare per il documento. **Trovi maggiori spiegazioni su questo argomento a Pag. 39.**

In FreeHand MX posso creare un blocco di testo vincolato solo su un lato, mentre l'altro si espande... come faccio in Illustrator CS3?

No, lo strumento *Testo in area* di Illustrator CS3 non permette al testo di modificare l'area che lo contiene dinamicamente. **Trovi maggiori spiegazioni su questo argomento a Pag. 134.**

In FreeHand MX posso creare sfumature logaritmiche, coniche e in altri modi... cosa succede in Illustrator CS3?

Illustrator CS3 permette di realizzare solo sfumature radiali e lineari; è però possibile usare lo strumento *Trama*, per creare complesse sfumature irrealizzabili in FreeHand MX. **Trovi maggiori spiegazioni su questo argomento a Pag. 100.**

Dove trovo il comando copia/incolla interno in Illustrator CS3?

Illustrator CS3 usa le maschere al posto del comando copia/incolla interno. **Trovi maggiori spiegazioni su questo argomento a Pag. 84.**

In FreeHand MX posso combinare tra loro le forme in maniera molto rapida. Come ottengo gli stessi risultati in Illustrator CS3?

Illustrator CS3 usa il pannello Elaborazione tracciati per combinare tra loro più oggetti. **Trovi maggiori spiegazioni su questo argomento a Pag. 74.**

In FreeHand MX posso usare il comando Trova e sostituisci anche per gli elementi grafici... cosa succede in Illustrator CS3?

Illustrator CS3 ha un comando *Trova e sostituisci*, ma non è applicabile ad elementi grafici e attributi come in FreeHand MX.

In FreeHand MX posso aggiungere rapidamente frecce di diverso tipo ad ogni tracciato tramite il pannello Oggetto... come faccio in Illustrator CS3?

In Illustrator CS3 le frecce si aggiungono ad un tracciato selezionato con il comando Effetto > Stilizzazione > Aggiungi frecce, oppure con Filtro > Stilizzazione > Aggiungi frecce.

Ti è piaciuto questo libro?
Se vuoi dare un'occhiata anche ad altri miei libri fai un salto nella pagina dedicata alle pubblicazioni nel mio sito:

http://www.davidevasta.biz/Pubblicazioni_Libri.html

Se vuoi approfondire il mondo del web design con un manuale pratico ti consiglio questo:

http://www.davidevasta.biz/Pubblicazioni_WebDesignFacile.html